D0667969

le Temps retrouvé

AUGUSTE ESCOFFIER

SOUVENIRS CULINAIRES

*Édition présentée et annotée
par Pascal Ory*

MERCVRE DE FRANCE

PRÉFACE

Au sein de la vaste société des mémorialistes, le cuisinier brille par son absence, ou peu s'en faut. Dans son univers l'apprentissage reste encore aujourd'hui surtout oral et d'abord pratique — à l'instar de tout l'apprentissage traditionnel. Apparu tardivement et de circulation longtemps exiguë, le livre de cuisine, dans la société non moins traditionnelle, n'est pas destiné aux pairs mais aux mères : aux premiers — les hommes — la cuisine publique, aux seconds — les femmes — la cuisine privée. De ce fait et jusqu'à aujourd'hui — où cette littérature se répand sur les rayonnages des librairies — le cuisinier sous le nom duquel paraît un ouvrage est la plupart du temps assisté, voire totalement suppléé, par un porte-plume. Pour toutes ces raisons, avant même qu'on en commence la lecture, les *Souvenirs inédits* d'Auguste Escoffier sont un texte exceptionnel.

Au témoignage de ceux qui établirent la première version du texte, publiée en 1985 par les soins des éditions marseillaises créées par la dynamique Jeanne Laffitte[1], Auguste aurait laissé à sa mort, survenue en 1935, divers documents autobiographiques — dont ce qu'on en

1. Auguste Escoffier, *Souvenirs inédits : 75 ans au service de l'art culinaire*; Marseille, Jeanne Laffitte, 1985, 193 p.

reconstitue aujourd'hui laisse deviner tout à la fois l'ampleur, non négligeable, et l'inachèvement — rassemblés par son fils Paul, auxquels furent ensuite intégrés des textes du même auteur, de même nature, publiés de son vivant, parfois reconnaissables à la lecture. Les souvenirs que l'on va lire doivent donc à Paul et à son fils Pierre, au cousin de celui-ci, Marcel, à Jeanne Neyrat-Thalamas, auteur de la préface de cette première édition, et surtout à Juliette Delaunoy, chaudement remerciée par la famille, dans des proportions que nous ignorons. La version française, fautive ici et là, a été elle-même corrigée et enrichie par l'arrière-petit-fils d'Auguste, Michel, à l'occasion de la publication de l'édition en langue anglaise[1], traduite par les soins de son épouse, Laurence Escoffier. L'existence même de ces articles, parus entre autres dans les colonnes de deux périodiques dont Auguste était l'oracle, *L'art culinaire* (Paris) et *Le Carnet d'Épicure* (Londres), tout comme celles de pas moins de huit livres, pour la plupart — mais pas tous — de technique culinaire, publiés du vivant d'Escoffier[2] —, la correspondance qu'on peut garder de lui confirment que nous avons affaire à un homme qui savait et aimait écrire. Ce cuisinier tient à signaler que dès ses débuts il s'est intéressé « à la composition des menus » — entendons par là une « composition » au sens musical, puisqu'il la traduit dans les termes suivants : « je cherchais des consonances douces et agréables à l'oreille ayant une analogie avec les mets en traitement ». Tout est dit, au fond, quand on découvre que le chef de cuisine va épouser non, comme de coutume, la fille d'un confrère

---

1. Auguste Escoffier, *Memories of my Life*; New York, Van Nostrand Reinhold, 1997, 252 p.
2. *Traité sur l'art de travailler les fleurs en cire* (1886), *Le guide culinaire* (1902; ouvrage collectif, dirigé pat lui), *Le livre des menus* (1912), *L'aide-mémoire culinaire* (1919), *Le riz* (1927), *La vie à bon marché. La morue* (1929), *Ma cuisine* (1934), à quoi il faut adjoindre le *Projet d'assistance mutuelle pour l'extinction du paupérisme* (1910).

mais la fille d'un éditeur, et pas n'importe lequel puisqu'il s'agit, en la personne de Paul Daffis, du successeur de Pierre Jannet à la tête de la *Bibliothèque elzévirienne*, une collection de livres précieux connue de tous les bibliophiles du temps, au premier rang desquels Mallarmé. Delphine Daffis est poète à ses heures et le rédacteur en chef du *Carnet d'Épicure*, l'homme de lettres Théophile Gringoire, est un bibliophile reconnu. L'une et l'autre ont pu superviser les publications d'Auguste mais les qualités de narration de l'auteur sont repérables, tout particulièrement dans la longue séquence consacrée à la guerre de 1870 : tout ce qui a trait à sa captivité au camp de Mayence, passage qu'on ne s'attend pas à trouver ici, mériterait de figurer dans une anthologie de la littérature carcérale, pour le regard original qui s'y déploie et l'expérience, aujourd'hui peu connue, qui s'y raconte.

Reste que si on lit aujourd'hui Escoffier, c'est pour ce qu'il est supposé nous dire d'un moment important de l'histoire de la cuisine, comme de l'histoire des cuisines. Car celui qui parle ici le fait du point de vue, en quelque sorte patriarcal, d'une réussite absolue. L'Escoffier de l'entre-deux-guerres est en effet, tout simplement, le nom le plus prestigieux du monde des cuisines, d'un bout de l'Occident à l'autre, ce qui inclut les élites occidentalisées du reste de l'univers, depuis Le Caire jusqu'à Tokyo. À travers lui — thème qui revient souvent dans ces pages —, c'est la France dont la primauté est ainsi saluée, ce pays qui a inventé au début du xixe siècle coup sur coup le gastronome moderne (Grimod de La Reynière), le théoricien gastronomique (Brillat-Savarin) et le cuisinier-artiste (Antonin Carême). La contribution, tout à fait consciente, d'Escoffier, qui y met le ton patriotique convenant, en tout pays, à sa génération, est d'avoir été au tournant des xixe et xxe siècles l'« ambassadeur » de l'excellence culinaire française. Du point de vue de l'histoire culturelle, sceptique à l'égard des discours essentialistes, le récit de vie d'Escoffier est pain bénit puisqu'il apparaît clairement que ce rôle-là, il l'a dû non seulement à ses dons culinaires mais au sérieux avec lequel il s'est appliqué à élargir ses horizons initiaux, à son sens de l'organisation des brigades de grands établissements et, plus que tout, à la complémentarité de talents, un quart de siècle durant, avec le directeur César Ritz, seul en capacité de donner à sa cuisine une audience internationale. En faisant dans ses *Souvenirs* de Ritz le « roi de l'hôtellerie » l'homme de l'art laisse résonner discrètement qu'il a bien été, lui, à ses côtés, le « roi de la restauration ».

La précision avec laquelle le mémorialiste détaille ses postes successifs au long de soixante années de carrière — et dans ce métier le changement peut intervenir au bout d'une « saison », autrement dit tous les six mois — permet de mesurer la progression continue de ce cursus. Les grandes maisons parisiennes, façon Petit Moulin Rouge, dans le quartier des Champs-Élysées, y alternent avec les grandes maisons de la Riviera française, future Côte d'azur (la formule date de 1888), les restaurants de casino (Boulogne-sur-Mer) avec les grands traiteurs (Maison Chevet, à Paris), avant qu'aux abords de la quarantaine le chef de cuisine doué n'entre, pour ne plus en sortir, dans l'univers du grand hôtel international moderne, auquel l'historiographie française a réservé le qualificatif de « palace » : Grand Hôtel de Monte Carlo, Hôtel national de Lucerne, Savoy Hotel de Londres, Ritz de Paris, Carlton de Londres. Ce qu'il y a de remarquable, presque de romanesque, dans cet itinéraire, c'est qu'il unit des débuts modestes et, en apparence, tout provinciaux à un final glorieux, où le prestigieux Hôtel Pierre de New York ne peut pas se passer pour son inauguration, en octobre 1930, de sa présence tutélaire — au point de la faire coïncider avec le quatre-vingt cinquième anniversaire de son maître respecté, célébré en présence de toute la haute cuisine américaine.

En amont on peut donc lire ici l'émergence d'une famille de restaurateurs, à partir d'une souche rurale provençale qui bascule, en l'espace d'une génération, d'une activité économique liée à la société villageoise ancienne (la forge) à une activité liée à l'essor d'une nouvelle économie que les temps ultérieurs qualifieront de «touristique» et de «tertiaire». Par un fait exprès, l'histoire déroule le tapis rouge pour le jeune Auguste : le Villeneuve-Loubet de son enfance est encore varois et ne rejoint le nouveau département des Alpes-maritimes qu'en 1860, lors de l'annexion, après un plébiscite très formel, du Comté de Nice, or c'est à ce moment où la ville natale de Garibaldi choisit solennellement la France que le fils du forgeron entre en cuisine comme apprenti — en 1859 exactement, c'est à dire pendant la période de transition qui sépare la victoire sur les Autrichiens de sa double conclusion politique : la création du Royaume d'Italie et, symétriquement, le rattachement de Nice et la Savoie. Les trois oncles et la tante Escoffier sont tous passés du côté de la cuisine, de l'auberge ou du café. La vocation forcée du petit Auguste, treize ans, vient de là : il est le fils de l'aîné de la fratrie précédente, Jean-Baptiste, qui est aussi le seul à ne pas avoir rejoint ce monde nouveau et à avoir continué la lignée paternelle : il importe, à l'évidence, de mettre fin à cette particularité. On notera qu'à tout le moins un point commun réunit le choix nouveau au choix ancien : un même rapport privilégié au feu — dont on ne sait, à ce stade, s'il est conscient, et s'il est sociologiquement fréquent. Toujours est-il que c'est ainsi que le nouveau cuisinier qui — c'est l'*incipit* de son texte — se rêvait, dans sa jeunesse, sculpteur est projeté sans le savoir dans le cercle vertueux qui va faire la fortune de Nice. La petite ville occitane (Nice fut provençale avant d'être annexée à la Savoie, et jamais «italienne») est engagée depuis longtemps dans un processus de francisation de ses élites; la nouveauté est qu'elle l'est aussi, désormais, dans un processus d'internationalisation. L'établissement de l'oncle François où Auguste va faire ses premières armes ne se nomme pas pour rien le Restaurant français.

En aval, à l'autre bout de la *success story* dont il sont le récit, les *Souvenirs* montrent bien comment le chef de cuisine des palaces de référence — qui se cite peu de maîtres directs — s'est attaché à former les futures élites des cuisines internationales : le Londres où il installe son savoir-faire en 1890 (sa résidence officielle sera Monte-Carlo) n'est rien moins que la capitale économique et politique du monde. Présider à l'ouverture du Grand Hôtel de Rome ou, pour « être agréable » aux propriétaires d'un grand hôtel new-yorkais, « leur céder M. Gastaud, mon sous-chef au Carlton et quelques bons chefs de parties de ma brigade » (le même Alexandre Gastaud fera vingt ans plus tard l'ouverture du Waldorf Astoria) : autant de signes irrécusables d'une maîtrise suprême, dans un univers encore très hiérarchisé, aussi bien au sein de chaque grande cuisine (du « chef » à la « brigade » en passant par le « fusil » ou le « coup de feu » les métaphores militaires y fleurissent) qu'à l'échelle mondiale, où les élites se recrutent et se repèrent dans un *small world*. Quand en pleine crise économique, s'ouvre à New York l'Hôtel Pierre — resté aujourd'hui au firmament des palaces américains — son chef des cuisines, Charles Scotto, est un élève d'Escoffier, un des piliers de « The Chefs de cuisine Association of America », réunissant aux États-Unis des cuisiniers de grands établissement, tous français de nationalité ou de formation, et l'ensemble des actionnaires comme de la direction ne peut pas imaginer l'inauguration de leur haut-lieu sans la présence physique d'Escoffier, auquel sera réservé, pendant plus d'un mois, un accueil impérial, y compris un grand banquet pour son quatre-vingt cinquième anniversaire. Exemple à citer dans l'histoire des acculturations croisées France-États-Unis, témoignage de la survie, au cœur de l'Entre-deux-guerres, d'une hégémonie de référence française, au moment où, depuis la fin de la Première Guerre mondiale, se repèrent les premiers signes d'une hégémonie culturelle clairement américaine[1]. Au même moment, par exemple, l'architecte américain ambitieux se doit encore de terminer ses études à Paris, avant de retourner construire dans son Middle-West natal des édifices de prestige en *Beaux-arts style*. Ça ne durera pas ; sur le plan culinaire, en revanche, le primat français tiendra beaucoup plus.

Voilà, en tous les cas, pourquoi après la retraite de 1920 et la mort de 1935 l'onde portée d'Escoffier continuera à faire sentir ses effets dans les cuisines pendant encore une bonne génération. En France comme à l'étranger deux ouvrages contribueront à cette réputation parce qu'ils deviendront, au contraire de la plupart des livres de recettes, destinés aux amateurs, des bibles de professionnels. *Le Guide culinaire* de 1902, souvent réédité, révisé et traduit, pour le monde des cuisines, l'*Aide-mémoire culinaire*, qui en sera déduit après guerre, pour celui de « la salle » (maître d'hôtel, chefs de rang, serveurs,...). Et ce sera à Londres, non à Paris, que paraîtra la première biographie du chef, œuvre de deux de ses disciples expatriés (Paul Thalamas, Eugène Herbodeau, *Auguste Escoffier*, 1956), de même que c'est un troisième, Joseph Donon, ancien du Carlton installé aux États-Unis, qui publie en 1961, à destination du public anglophone, l'ouvrage qui peut passer pour clore le cycle de la *Classic French cuisine* (c'est, au reste, son titre) avant l'arrivée de la génération des Bocuse et autres Troisgros — et en avant pour une dernière hégémonie française, d'une trentaine d'années.

Ajoutons à cela — point qu'on ne souligne jamais —

---

1. Cf. Pascal Ory, « "Américanisation" : le mot, la chose et leurs spectres », in : Marcowitz (Reiner) dir., *Nationale Identität und transnationale Einflüsse* ; Munich, Oldenbourg, 2007, 160 p., pp. 133-145.

que le «Gringoire et Saulnier» (*Répertoire de la cuisine*), qui est encore aujourd'hui une référence technique du classicisme culinaire, a pour auteurs un cuisinier (Louis Saulnier, chef entremettier) et un écrivain (Gringoire, déjà cité) qui furent, sous l'égide d'Escoffier, les animateurs à Londres de l'étonnant *Carnet d'Épicure* (1911-1914), présenté par eux, non sans raison, comme «la plus belle et la plus importante revue hôtelière et culinaire du monde», et respectivement le secrétaire et le secrétaire-adjoint de la non moins étonnante Ligue des gourmands, vouée à la valorisation internationale du savoir-faire culinaire français, estampillé Escoffier. Publié pour la première fois en 1914, le *Répertoire* est, en fait, une production de plus de l'école du maître. Enfin, il est intéressant de noter que c'est Joseph Donon qui a rendu possible, par sa bonne intégration à la société américaine — il a été, entre autres, le cuisinier des Vanderbilt... —, la création, en 1959, de la Fondation Escoffier, présidée aujourd'hui par Michel Escoffier, et par là celle du sympathique Musée de l'art culinaire de Villeneuve-Loubet, inauguré en 1966.

Cela veut-il dire que ce que le dîneur de luxe trouvait dans son assiette ne joua aucun rôle dans la gloire d'Escoffier? Assurément non, conformément à la logique profonde de la cuisine française, qui ne domine aussi bien que parce qu'elle sait absorber des éléments empruntés à la diversité régionale comme à la diversité mondiale. L'Escoffier qui sert les «grands de ce monde», venus des cinq continents (les commensaux des *Souvenirs* vont du prince russe au maharadja) sous l'égide du génie national français n'est pas le dernier à s'instruire, dès que l'occasion se présente, auprès de chefs et de clients exotiques, dont il assimile avec gourmandise les produits et les tours de main. Et c'est ainsi que, plus que d'anecdotes, au fond assez peu nombreuses, sur les goûts culinaires de telle ou telle célébrité — du «secret» de Sarah Bernhardt, fondé sur la volonté et le Moët-et-Chandon, aux nostalgies italiennes d'Émile Zola, affamé de risotto et de polenta —, c'est à de multiples notations utiles à l'historien ou au sociologue sur l'évolution de l'ordonnance des repas ou le style général de l'innovation culinaire aux alentours de 1900 que peut conduire la lecture attentive de ces pages. En bon artiste conscient de ses capacités de « création » — le mot, chez lui, est explicite —, Escoffier aime énumérer les recettes qu'il a inventées ici pendant ses cinq ans de chef au Petit-Moulin-Rouge, là pendant ses six ans au Grand-Hôtel de Monte-Carlo.

D'un côté, sa cuisine participe encore pleinement des pratiques culinaires antérieures, par l'importance que continuent à y occuper le gibier ou le beurre, les feuilletés et les soufflés ou encore l'art du dressage des plats — sans parler de celui des fleurs de cire, auquel le jeune sculpteur frustré consacrera son premier livre. La timbale de langoustines au paprika rose est typique de sa création juvénile ; le suprême de perdreau au parfum de truffe pourrait être de même choisi comme emblématique de son époque Carlton. Au service des élites, le chef de cuisine des palaces ne lésine pas sur les produits et recettes de luxe, entre caviar et parfait Sainte-Alliance (à base de foie gras et de truffes), et dans les cailles n'utilise que les blancs de poitrine — ce qui lui permet de nourrir savoureusement avec ses restes les pensionnaires londoniens des Petites Sœurs des Pauvres. Pour lui un repas de grand de ce monde — les menus qu'il nous en donne, en quantité, sont très clairs là dessus — comprend au moins une demi-douzaine de services, s'échelonnant du caviar et du consommé aux entremets et aux desserts en passant par au moins deux plats de poisson et de viande, toujours un plat de légumes préparés, parfois un soufflé au fromage. Quand il nous parle de l'« ordinaire bourgeois », c'est pour nous énumérer à déjeuner un menu à trois services (avec poissons ou gibier puis viande) et à dîner un menu plus riche encore, celui de nos plus gros repas dominicaux. Quand il détaille, par exception, un repas familial, celui-ci est destiné aux propriétaires du Grand Hôtel de Monte-Carlo visités par une diva et comprend quand même, dans sa rusticité alsacienne proclamée, un riche pot-au-feu avec potage Xavier, une poularde de Bresse rôtie à la broche et une mousse à l'orange et fraises macérées dans le curaçao.

En même temps, le même homme est celui qui n'hésite pas à donner, tout aussi fièrement, les menus à ses yeux spartiates qu'il prépare aux officiers la veille de la bataille de Gravelotte ou ceux, franchement héroïques, qu'il réussit à concocter, privé de tout, aux assiégés de Metz : c'est que ce qui compte, c'est la preuve ainsi administrée de la science du maître, qui sait tirer partie des contraintes les plus violentes. Même en palace, il se voit comme l'homme de la simplification des procédures — toute la différence qu'il tient à établir avec son grand aîné Urbain Dubois, respecté mais renvoyé aux ténèbres de l'obsolescence. Traduisons que Dubois reste, comme l'ancêtre Carême, hors du circuit du restaurant, fût-il de luxe, puisqu'il a servi essentiellement en palais princier. Comme Dubois, cependant, l'Escoffier des *Souvenirs* confirme le passage, dans les repas de l'élite et de l'apparat, du «service à la française», où tous les plats d'un même service étaient disposés en même temps sur la table, au «service à la russe» — qui identifie le service à un plat — avant que n'apparaisse, à l'époque de la Nouvelle-cuisine, le «service à l'assiette», triomphe du cuisinier-artiste. Mais l'Escoffier tardif — à la retraite — a assez de lucidité et de souplesse pour noter, sans affliction, le basculement, de part et d'autre de la Première Guerre mondiale, de repas désormais jugés pantagruéliques vers des menus à trois services, capables d'être consommés en une heure à une heure et demi, et assez de sensibilité sociale pour faire paraître coup sur coup, chez Flammarion, en 1927 et

1929, deux ouvrages destinés à faire l'éloge de deux produits bon marché, le riz et la morue.

Ces préoccupations ultimes sont pour le vieux chef d'autant plus méritoires que tout au long de son récit la table du palace est apparue comme la métonymie d'une «classe de loisir» à son apogée avant la chute définitive du modèle monarchique. Les personnalités citées par l'auteur sont très majoritairement des souverains, des princes ou des aristocrates, que les deux guerres de 70 (pour la noblesse d'empire française) et de 14/18 (pour les autres, et d'abord la noblesse russe, chère à Escoffier) vont achever de détrôner. La nostalgie du Prince Galitzine, évoquant devant le chef de cuisine du Carlton sa jeunesse enfuie du Petit Moulin Rouge, sonne alors comme l'annonce d'une obsolescence plus radicale encore. La petite notation par laquelle Escoffier signale en passant que la clientèle de l'Hôtel national de Lucerne, saison d'été, «variait peu» de celle du Grand Hôtel de Monte-Carlo, saison d'hiver, en dit long sur la vie quotidienne de ces élites qu'on dirait droit sorties de *la Recherche* ou de *Mort à Venise*. Ajoutons que ceux qui verraient dans le culte moderne de l'artiste une forme de transposition de l'élitisme d'ancien régime seront confortés dans leur hypothèse par l'admission dans son club étroit des clients remarquables de quelques monstres sacrés de la scène, qu'elle soit théâtrale, lyrique ou chorégraphique. Ils constateront aussi qu'il s'agit alors de femmes, auxquelles on en adjoindra quelques unes, qu'on qualifiera d'«entretenues»: une lecture par ce que l'on appelle désormais le genre ne manquera pas de noter que dans une telle société le rôle que joue la femme est, d'abord, celui d'agrément, voire de simple ornement. Quand Escoffier parle des améliorations apportées par Ritz à l'éclairage des tables, ce n'est pas la mise en valeur des assiettes à laquelle il songe mais celle des «visages féminins», voire des «millions de bijoux» (il faut sans doute traduire: millions en bijoux) qui les enchâssent, conférant à la jolie femme « ce teint légèrement rosé qui la rend plus jolie », puisqu'aussi bien « donner à la femme tout son éclat, c'est là un des secrets du succès ».

La fortune de César Ritz, qui entraînera dans sa traîne celle d'Escoffier, se fondera sur une lucide prise en compte des changements imperceptibles que ces classes dominantes ne pouvaient manquer de connaître, sous le coup du mouvement économique, politique et culturel du siècle. L'objectif est de fournir aux élites de l'argent, de la politique et de l'art un accueil et un service au moins égaux, voire souvent supérieurs, à ce qu'elles trouveraient à leur domicile. Décor historicisant (le goût du XVIII⁰ français prédomine) mais aussi hygiène dernier cri (une salle de bains par chambre !). La contribution d'Escoffier tient, une fois de plus, non seulement dans la création culinaire — qui consiste souvent en versions simplifiées de recettes classiques, rebaptisées d'un nom illustre — mais aussi dans l'organisation du service : rationalisation et simplification des procédures, invention du « menu à prix fixe », entendons par là non pas le principe même du prix fixe, qui existait depuis les auberges, que du menu de luxe à prix garanti — signe des temps. C'est cet Escoffier-là qui impose sa loi aux professionnels des prestations de luxe, tout en atteignant l'objectif qu'il s'est donné : « satisfaire nos bons clients et mon amour-propre ».

On se gardera cependant de ne voir en Escoffier qu'un type — le représentant d'un métier, d'une génération, d'une école. Le mérite de cette autobiographie est aussi de nous permettre de mieux approcher une figure qui demeure singulière. Là où Antonin Carême aspire, du haut de sa formation de pâtissier, à vouloir faire jeu égal avec les architectes et les décorateurs et n'hésite pas à publier un ouvrage où il expose ses projets d'*Embellissements de Saint-Pétersbourg*, le sculpteur rentré se contente de profiter de l'ouverture d'un palace à Rome pour en visiter musées et monuments, et de manifester son admiration pour un Gustave Doré ou un Émile Zola. Tout juste peut-on noter que, maître en son art, il se met en scène dialoguant, de pair à pair, avec les plus hauts noms des arts contemporains : quand il sert une cantatrice, c'est la Patti, une femme de théâtre, c'est Sarah Bernhardt — par ailleurs son alter ego en célébrité internationale et, d'abord, franco-américaine. Adepte déclaré de l'analogie, le créateur de plat ne peut s'empêcher de noter à la fin de la recette de sa mousse de merlan aux écrevisses dite « Rêve de Katinka », qu'elle « doit être aussi légère que les pas artistiques de la célèbre danseuse ». L'invention de son œuvre la plus connue, la pêche Melba, résume tout : la scène se passe au Savoy, en 1893, autrement dit précisément au sommet du luxe et au centre du monde. Nellie Melba, dont Marcel Proust sera l'admirateur, vient de chanter le rôle d'Elsa dans *Lohengrin* à Covent Garden et, bien entendu, Escoffier est allé l'applaudir. Au lendemain du spectacle, c'est au tour du chef (qui n'est pas ici celui d'un orchestre) de faire à la cantatrice don de son talent. La mise en scène du dessert, par ailleurs de réalisation assez simple, jouera ce soir-là sur l'apparat opératique, à grand renfort de cygne sculpté dans la glace enchâssant une timbale en argent. L'adulation du chef pour la cantatrice se manifestera par ailleurs dans le fait qu'il donnera encore son nom à une sauce, une garniture et un toast.

Sans doute faut-il chercher du côté de ce rapport fasciné au monde des arts le *rosebud* wellesien d'Auguste. Escoffier est un homme pudique. La manière dont il évoque la mort de ses deux jeunes belles-sœurs, victimes simultanées de l'asphyxie diphtérique (croup), ou, plus étonnante encore, la mort au combat, en 1914, de son fils Daniel, juste après le récit de son entretien, l'année précédente, avec le Kaiser, en témoignent suffisamment. Mais c'est que, précipité contre son gré dans un monde dont la tendresse n'est pas le maître mot, il demeure un homme sensible, ce qui transparaît dans son récit de captivité comme dans ses initiatives charitables, couronnées par rien moins que la rédaction d'un *Projet d'assistance mutuelle pour l'extinction du paupérisme*. C'est le même homme, adversaire résolu de la Commune, qui ne cèle pourtant pas son admiration pour Zola, bête noire des antidreyfusards, qualifié ici de «maître» et «puissant écrivain», le même qui n'hésite pas à affirmer que «la plupart des théories socialistes, même les plus exagérées», reposent «sur une base indiscutable et juste». La position politique la plus originale de l'humaniste Escoffier est celle qui le conduit à prôner l'union de l'Europe, voire à prédire l'union des peuples européens en «un seul grand pays», «dans un avenir assez rapproché».

Et c'est cette sensibilité mise sous le boisseau qui permet sans doute de définir au plus près la personnalité la plus intime d'Auguste. On en revient, pour finir, à cette sorte de scène originelle qui aura décidé de toute sa vie : «J'avais alors treize ans et je venais de faire ma première communion. On me dit que je devais être cuisinier... Il ne me restait plus qu'à obéir» : on est loin de la légende convenue de toutes les histoires de «vocation». Le grand, le glorieux, l'impérial Escoffier est ce petit garçon studieux, élève d'un père instituteur improvisé, petit-fils d'un grand-père moraliste du savoir-vivre populaire et d'une grand-mère cordon bleu — celle qui vous embrasse et vous dit tout bas : «Tu feras un bon cuisinier». Un enfant obéissant qui transpose dans l'«art culinaire» (Apicius) son rêve esthétique frustré et garde précieusement par devers soi, au sommet de sa gloire, le recueil manuscrit des recettes de son aïeule.

PASCAL ORY

Souvenirs culinaires

PREMIÈRE PARTIE

Les premiers fourneaux
1846-1870

Une enfance à Villeneuve-Loubet

Pourquoi ai-je appris le métier de cuisinier ? Ce n'était pas ce dont j'avais rêvé : mon désir était de devenir sculpteur, parce que jeune, les Beaux-Arts m'attiraient. Malheureusement, je dus renoncer à suivre cette voie.

Cependant, si je n'avais pas encore le culte sacré de la cuisine, je n'y étais pourtant pas indifférent, puisque je suivais avec grande attention les faits et gestes de ma grand-mère qui, véritable cordon-bleu, nous préparait de délicats ragoûts. J'ai conservé pieusement ses recettes que j'ai souvent mises en pratique au cours de ma longue carrière.

Mes premiers essais de cuisine datent de 1856. J'avais alors 10 ans, je ne pensais pas encore que je serais un jour cuisinier. En ce temps, le café était peu répandu, ce n'était qu'en certaines circonstances qu'on pouvait s'offrir cette stimulante liqueur. Un matin, avant de se rendre à Nice, ma grand-mère avait préparé sous mes yeux son petit café à la mode ancienne. J'attendis son départ pour répéter l'opération et connaître à mon tour le goût du café dont on parlait tant.

Peu de temps après, j'écoutais une conversation tenue par un groupe de femmes, sur la façon de préparer le café. Chacune disait son mot : ceci se passait un soir de veillée, chez nous, devant un bon feu. Lorsque toutes ces braves femmes eurent fini leur intéressante conversation sur le café, je leur dis : « Ce n'est pas bien malin de faire du café ». Et je racontai mon petit péché de curiosité.

Je fus d'abord un peu grondé, puis on finit par en rire et ma grand-mère me dit tout bas : « Tu feras un bon cuisinier », et m'embrassa.

À peu près à la même époque, j'allais le dimanche matin garder la maison de mon grand-père maternel qui était très âgé et habitait seul. Je lui entretenais son feu, tandis qu'il allait à la messe.

J'avais souvent entendu parler de la délicatesse d'une tranche de pain qu'on faisait griller, et que l'on recouvrait toute chaude d'un certain fromage assez fort, espèce de pâté nommé brousse[1], très apprécié des gens du village. Cette brousse ne manquant pas chez mon grand-père, il me fut facile de satisfaire ma curiosité et ma gourmandise. Assis au coin du feu, je retirai, en avant du foyer, une certaine quantité de braise sur laquelle je plaçai des pincettes et fis griller deux tranches de pain, recouvertes aussitôt de la dite brousse. Je savourai religieusement mes croûtes au fromage que j'accompagnai d'un demi-verre de vin sucré.

*

Je suis né le 28 octobre 1846, à Villeneuve-Loubet, (département du Var), aujourd'hui département des Alpes-Maritimes depuis le rattachement de Nice à la France[2] ; fils de Jean-Baptiste Escoffier et de Madeleine Civatte, son épouse.

Mon père, comme son père exerçait la profession de forgeron, maréchal-ferrant, serrurier, fabricant d'outils pour la culture. En un mot, les cultivateurs n'avaient pas besoin de sortir du village pour trouver ce qui était nécessaire à leurs travaux.

Mon grand-père, Augustin Escoffier, après avoir fait

son tour de France comme compagnon forgeron et rempli ses devoirs militaires comme grenadier de la Garde dans les dernières années du Premier Empire, fut grièvement blessé au cours d'une bataille, la poitrine traversée par une balle.

Revenu au village, complètement remis de sa blessure, il s'y maria et fonda sa maison de maréchal-ferrant. De son mariage, il eut cinq garçons et une fille. Mon père, l'aîné des garçons, avait appris le métier de forgeron ; le second, François, apprit celui de cuisinier ainsi que le troisième fils ; le quatrième, Honoré, continua le métier de son père. Mais, après avoir fait son tour de France comme compagnon forgeron, il revint au village, abandonna son métier et devint aubergiste. Le cinquième fils, Victor, très adroit dans l'art de travailler le fer, ayant des goûts artistiques, se dirigeait dans cette voie lorsqu'éclata la guerre de Russie en 1855. Appelé sous les drapeaux, il suivit l'Armée en Crimée et mourut à Constantinople à la suite de maladie contractée devant l'ennemi. La sœur, la plus jeune de la famille, se maria à un Italien, Auguste Decaroly, propriétaire du Café des Colonies, à Nice.

À l'époque de ma naissance, à la suite d'une longue maladie de mon grand-père, mon père dut prendre la direction de la forge.

Entre-temps, la santé de mon grand-père s'améliora. Il vécut tranquillement quelques temps encore et mourut en 1871, âgé de 84 ans, ne laissant que sympathies affectueuses dans le pays. Bien que ne possédant qu'une instruction primaire, mon grand-père avait des pensées très élevées, une éducation native. Je me souviens qu'étant enfants, mon frère et moi, il nous enseignait à être polis en toutes circonstances, à se tenir bien à table, à ne jamais parler à une dame sans se découvrir... Il nous disait que le savoir-vivre avait une grande importance dans l'existence. J'ai toujours conservé un précieux souvenir de ses bons conseils, dont j'ai profité avec avantages.

Lorsque mon père était enfant il n'y avait pas d'institu-teur à Villeneuve-Loubet, mais le curé de la commune, homme charmant et dévoué, se plaisait à instruire ses enfants de chœur dont mon père faisait partie. Mon père en fit profiter à leur tour les jeunes gens du village, en leur faisant l'école pendant les longues soirées d'hiver. Son but était de leur apprendre à lire, à écrire, à faire les quatre règles, et en certaines circonstances, pouvoir écrire à leurs parents, à leur fiancée, sans avoir recours à un étranger, pendant leur service militaire, dont la durée était alors de sept ans...

Mon père mourut dans sa 80e année, comme son père, toujours prêt à faire le bien, il avait su s'attirer la sympa-thie de tous et laissa d'unanimes regrets.

Mes débuts au « Restaurant Français »

En 1856, mon oncle François avait fondé à Nice un restaurant sous le nom de « Restaurant Français », situé face
au jardin public, au coin de la rue Paradis.

En 1859, j'avais alors 13 ans, et je venais de faire ma
première communion. On me dit que je devais être cuisinier... Il ne me restait plus qu'à obéir. Je rentrai donc chez
mon oncle comme apprenti, en octobre 1859, année ou
Nice devint française. Peu de temps après, le restaurant
installé au coin de la rue Paradis fut transféré au n° 7 du
quai Masséna[3] où je terminai mon apprentissage en 1863.

Ces années furent assez pénibles, le désir et la ferme
intention d'arriver me firent cependant accepter la situation sans manifester le moindre mécontentement. Après
quelques mois, j'avais déjà pu me rendre compte de l'importance que pouvait avoir la cuisine et du rôle qu'un cuisinier consciencieux pouvait jouer dans la vie.

*

En ce temps-là, le métier de cuisinier était peu considéré dans la société mondaine. Pourtant cela n'aurait pas
dû être le cas, car la cuisine est une science et un art, et
l'homme qui met tout son cœur à satisfaire son semblable
mérite d'être considéré.

On a trop longtemps classé le chef de cuisine parmi la domesticité générale. Bien que ma pensée soit loin de formuler la moindre critique envers les serviteurs de maison, il est cependant naturel d'établir une distinction, ce qui ne peut déshonorer personne. Cette distinction existait sous l'Ancienne Monarchie, où le Chef de Cuisine jouissait des prérogatives les plus brillantes. Il était au rang des officiers de la couronne. C'est probablement à la suite de cette tradition que les grands seigneurs eurent toujours une considération particulière pour la cuisine et ne crurent pas déroger en s'y adonnant avec passion.

Les grands seigneurs cuisiniers ne manquaient pas. Le Régent de France, Philippe d'Orléans, — comme la Princesse Palatine, sa mère, le consigne dans ses lettres — avait appris à faire la cuisine en Espagne, quand il y commandait.

Il exerçait souvent cet art à Asnières, dans une ferme appartenant à la Comtesse de Farabère.

Tous les soirs, le Régent se rendait à Asnières incognito, et c'était un spectacle bizarre que de voir le neveu de Louis XIV préparer un souper à la hâte, avec un tablier de toile sur sa culotte de soie.

Il soupait ensuite avec la Comtesse en compagnie de tous les paysans de la ferme, chantant des chansons de cabaret, faisant mille folies, débitant des gaudrioles.

Parfois, même au Palais Royal, pour se divertir, il offrait ses ragoûts à ses roués qui ne manquaient pas d'accabler de compliments son Altesse cuisinière.

Louis XV, dans les premières années de sa jeunesse, se délectait à faire la cuisine dans ses petits appartements. Dans sa maturité, il se montrait fort habile à préparer le café au lait, pour ses maîtresses.

Si Madame de Montespan n'avait su cuisiner avec autant de talent, serait-elle arrivée à une si haute destinée? Une femme qui s'entendait si bien en gourmandise pouvait enchaîner les plus grands rois de la terre.

La Duchesse de Bourgogne savait préparer, avec du vinaigre et du sucre, une mixture délicieuse qu'elle jetait sur du bœuf bouilli.

Montaigne dit : «Les grands seigneurs se figurent de savoir apprêter le poisson». En effet, le poisson était un aliment de luxe. Les grands seigneurs eux-mêmes se plaisaient à le préparer.

Le poisson faisait alors fureur aux dîners d'apparat. Les prélats attendaient impatiemment le Carême pour s'en régaler largement.

À la cour, on jouait du poisson. Madame de Sévigné écrit : «Un tel a perdu cent louis de poisson». Un abbé mourut pour en avoir trop mangé chez le Duc de Saint Simon. Celui-ci consigne dans ses «Mémoires» : «L'abbé de Verneuil mourut, presque aussitôt mon arrivée et on m'accusa de l'avoir tué d'une indigestion d'esturgeon dont, en effet, il est mort chez moi».

Enfin, si le Marquis de Béchamel n'avait pas inventé la divine sauce, son nom serait tombé dans l'oubli depuis longtemps.

Mais revenons à mes fourneaux!

M'étant rendu compte qu'il y avait, en cuisine, un vaste champ d'études à développer, je me dis : «Bien que cette profession ne soit pas celle que j'avais voulue — puisque j'y suis, je travaillerai de telle façon que je sortirai de l'ornière et ferai mon possible pour rehausser le prestige du Chef de Cuisine». Ce fut toujours le but que j'ai visé et je crois avoir donné assez de preuves de mon dévouement à cette cause.

À peine avais-je six mois de métier ou d'expérience que je m'intéressais à la composition des Menus. Je cherchais des consonances douces et agréables à l'oreille ayant une analogie avec les mets en traitement. Un menu bien composé doit être évocateur... ce qui ajoute au désir de savourer un repas savamment préparé et présenté!

On conserve le Menu d'un baptême, d'un mariage,

d'une fête de famille... Ces menus doivent être le reflet des circonstances, une sorte de poème rappelant des heures agréables !

À peu près à la même époque, mon oncle avait acheté 10 plats carrés avec couvercle, en métal anglais, prévus pour un service de dix personnes. Ils provenaient d'une vente après décès d'un lord anglais qui avait vécu à Nice.

J'avais remarqué ces plats, très pratiques et ils m'intéressaient beaucoup, je me disais : si un jour j'ai l'avantage de monter un restaurant, voilà le type de plat que j'adopterai, en y apportant quelques modifications pour faciliter le service et en trois grandeurs différentes.

Très longtemps après, l'Hôtel Ritz à Paris me donna la satisfaction de réaliser mon rêve. La maison Christofle qui exécuta le service d'argenterie de l'Hôtel donna à mon plat le nom de « plat Escoffier ».

Au début, le couvercle de ce plat avait en son centre une petite poignée, ce qui était bien pour le service d'une maison privée, mais n'était pas du tout pratique pour celui d'un hôtel ou pour la restauration : on la supprima pour la remplacer par deux petites oreilles, placées aux extrémités du couvercle, ce qui permet en certaines circonstances, d'utiliser le couvercle comme plat, principalement pour des entrées froides[4].

Mon esprit curieux me poussait à chercher tout ce qui pouvait développer et embellir l'art de notre cuisine nationale. Ceci dans le double but de faire mieux connaître à l'étranger les produits de notre sol et la façon de les accommoder.

À Nice le Restaurant Français était à l'époque le rendez-vous de la haute société cosmopolite. Les officiers de l'Escadre Russe qui, chaque année, venaient passer la saison d'hiver à Villefranche, étaient de fervents clients et amateurs de bonne chère[5].

Pour quelques-uns de leurs plats nationaux, dont ils désiraient ne pas perdre tout à fait le goût, un cuisinier russe faisait partie de la brigade de cuisine ; cela me permettait de prendre des notes, qui, plus tard, m'ont été d'un grand secours. En ce temps, la cuisine russe était en grande faveur à Nice et j'étais enchanté d'une si intéressante circonstance.

Pendant la saison d'été, le Restaurant Français restait fermé de fin mai au premier septembre[6], et pendant ce temps, j'étais chargé de faire la popote pour la famille.

Nous avions comme voisin un grand confiseur et pâtissier[7]. Les deux Chefs de ces départements, très aimables, m'invitaient souvent à venir les voir dans leur laboratoire, et dès que j'avais quelques instants libres, je profitais de leur amabilité pour aller les aider à préparer les fruits à confire et en même temps, m'instruire sur cette branche de notre métier.

Paris : « *Le Petit Moulin Rouge* »

Mes trois années d'apprentissage terminées, je rentrai aux cuisines du Cercle Masséna, en novembre 1863, comme premier aide, et au mois d'avril, la saison d'hiver touchant à sa fin, j'entrai, comme chef de cuisine[8], pour la saison d'été, au restaurant des « Frères Provençaux[9] » rue Saint-François de Paul à Nice. Après un stage de six mois dans cette maison, je fus engagé chez Philippe, rue de France — où on ne faisait que la cuisine pour la ville — et entretemps, de la conserve de fruits — Je quittai Nice pour Paris où j'arrivai la semaine Sainte, en avril 1865. Le Lundi de Pâques, j'entrai comme aide de cuisine au célèbre restaurant du « Petit Moulin Rouge ». J'avais été recommandé par M. Bardoux, l'ancien propriétaire de cette maison, qui venait de céder son restaurant.

Mes lecteurs se demanderont ce que pouvait bien être le « Petit Moulin Rouge », situé 19, avenue d'Antin, devenu aujourd'hui l'avenue Victor-Emmanuel[10]. Un jardin avec bosquets précédait le restaurant composé de deux grandes salles au rez-de-chaussée, de deux grands salons au premier étage et plusieurs petits salons aux deuxième et troisième étage. Une trentaine en tout.

Une entrée privée se trouvait au n° 3 de la rue Jean-Cougon, où le client pouvait descendre de son coupé sans être vu. Cette entrée était masquée par un immense bosquet de lilas, en bordure de la rue, que les voitures pouvaient contourner. La plus grande discrétion était observée à l'égard des visiteurs.

Ce restaurant, aujourd'hui disparu, était très en vogue sous le Second Empire ; les personnalités de la plus haute société française et étrangère se donnaient rendez-vous dans ce cabaret mondain, pendant les beaux jours du printemps et de l'été. Il n'était pas rare d'y rencontrer S.M. le Roi d'Angleterre, Édouard VII, lorsqu'il n'était que Prince de Galles, en compagnie de Gambetta et autres personnages politiques, dînant en salon privé. À l'heure du dîner, on y rencontrait les plus gracieuses mondaines du temps et la charmante Élisabeth, bouquetière du Jockey Club, offrant ses fleurs. On dînait, sous le charme d'un orchestre idéal, « Le Concert Musard » installé dans une partie des jardins des Champs-Élysées, en face du célèbre restaurant, que seule l'avenue d'Antin séparait de celui-ci.

Actuellement, une partie du Grand Palais est construite sur l'emplacement de l'Ancien concert Musard, le côté longeant l'avenue Victor-Emmanuel.

À l'époque, il était d'usage de dîner entre six heures et huit heures, et si on dînait au Petit Moulin Rouge, on ne pouvait manquer de finir la soirée au Jardin de Mabille, situé dans le voisinage, à l'entrée à droite de l'avenue Montaigne.

Les deux établissements, qui pendant de longues années vécurent de la même gloire, subirent la même fatale destinée. En 1882, un même jour, à la même heure, le marteau du Commissaire priseur sonna le glas du Petit Moulin Rouge et du Jardin Mabille, par une vente aux enchères publiques de leur vieux matériel. Le temps hélas ! passe, emportant avec lui les choses, et livrant à la pioche des démolisseurs les établissements marqués de vieillesse.

Sur leur emplacement, de superbes maisons ont été construites et il ne reste plus que le souvenir de leurs noms, immortels dans l'histoire de Paris.

Je pense intéresser mes lecteurs en leur donnant ici un aperçu des dîners qu'on donnait à l'époque de la splendeur du célèbre restaurant.

Voici le menu d'un dîner offert par le Comte de Lagrande à ses amis, à l'occasion de la victoire de son cheval « Gladiateur », gagnant du grand prix de Paris[11].

Melon Cantaloup
accompagné de vin de Frontignan
Consommé Gladiateur au suc de tomates
Paillettes au fromage
Truite saumonée au coulis d'écrevisses
Pommes en noisettes au beurre fondu
Selle d'agneau de Behague, sauce Soubise
Flageolets nouveaux aux fines herbes
Blanc de poulet en gelée Printanière
Punch à la Romaine
Caneton de Rouen Bigarade
Cœurs de laitues à l'orange
Asperges d'Argenteuil
Pêches Impératrice Eugénie
Délices au Caramel
Café mode orientale
Grande Fine Champagne
Vins : Stamberger
Château Lafite, 1846
Veuve Clicquot cuvée spéciale
Château Yquem

Le même soir, dans un salon privé voisin du salon réservé au Comte de Paris, Cora Pearl dînait en compagnie d'un jeune Lord, ou plutôt d'un jeune pigeon, car la belle dame, dont le souvenir est loin d'être oublié, avait un talent tout particulier dans l'art de plumer cette petite bête chérie des femmes sensibles. Elle avait le soin de les prendre à la sortie du nid, prêts à s'envoler, et leur prodiguait ses charmes, jusqu'à la dernière plume. Puis, l'affaire conclue, elle tournait la page.

Le Comte D... de Bouillon, jeune adolescent à l'époque, dut conserver longtemps le souvenir cruel de cette femme sans cœur[12].

Mais revenons à l'instant où le jeune couple en était encore à savourer en tête-à-tête l'excellent dîner dont voici le Menu :

Caviar frais

Crêpes Mousseline

Melon Cantaloup - Fine Champagne

Un léger velouté de poulet au paprika rose

Paillettes pimentées

Petites langoustes à l'Américaine

Riz au beurre

Noisettes d'agneau Cora
(dressées dans les cœurs d'artichauts)

Petits pois à l'Anglaise

Pigeonneaux Cocotte

Cœurs de Romaine aux Pommes d'Amour

Asperges en branches

Coupes aux fraises

Gaufrettes Bretonnes

Fin Moka - Liqueurs

Vins Berncastler

Château Lafite, 1848

Moët et Chandon

NOISETTES D'AGNEAU CORA

Noisettes d'agneau Cora : Tailler les noisettes dans un carré d'agneau ; les saler légèrement, les faire sauter au beurre, les dresser dans des cœurs d'artichauts frais cuits. Garnir de lamelles de truffes et rognons de coq rissolés au beurre.

*

Parmi les habitués les plus fidèles du Petit Moulin Rouge, comptait aussi le Prince de R..., qui venait chaque mercredi en compagnie d'une jeune et fort jolie personne.

Le menu variait rarement. Il se composait généralement d'un potage, d'un homard ou d'une langouste au court-bouillon servie chaude avec du beurre fondu ou une sauce mayonnaise, d'une entrée de volaille ou de gibier, d'une selle d'agneau de Behague[13] rôtie, d'un légume, d'un entremets et de fruits.

La selle d'agneau était rarement exclue du menu. Or, un soir, je pris sur moi de l'accompagner d'une sauce tomate à la provençale. Celle-ci plut tellement au prince et à son aimable compagne, qu'ils me la firent toujours redemander par la suite.

Près de trois mois plus tard, le prince me pria de bien vouloir lui en donner la recette, dont il ne trouvait pas l'équivalent ailleurs, ce que je fis volontiers. Mais, quand j'ajoutai qu'il y fallait de l'ail, sa jeune amie se leva d'un bond comme si on venait de l'insulter personnellement.

— Comment Monsieur! Vous me faisiez manger de l'ail depuis trois mois ? C'est abominable ! Je déteste l'ail et ne me serais jamais attendue d'en voir servir dans une maison de premier ordre comme celle-ci.

Le prince s'efforça de calmer son indignation tandis

que je tentais, pour ma part, de plaider la cause de l'ail, qui fut enfin gagnée... grâce à la sauce !

La charmante personne finit par se rendre à nos raisons jusqu'à rire de son emportement.

Depuis, j'ai eu bien des fois à prendre la défense de l'ail, dans certains milieux ou certains pays, où l'ail est l'objet d'un mépris inexplicable.

Déjà, dans l'antiquité, les Grecs l'avaient en telle horreur que l'entrée du temple de Cybèle était interdit à qui en consommait. Plus tard, le roi Alphonse de Castille institua l'« Ordre de la Bande » dont les membres devaient ne manger ni ail ni oignon, sous peine d'être exclus de la Cour.

Je puis affirmer que son arrière-petit-fils Alphonse XIII a des goûts plus sensés...

Il va de soi qu'on ne doit jamais abuser de ce condiment. Certains peuples d'Orient font sécher et pulvériser des aulx pour s'en servir comme nous nous servons du poivre. Cette méthode a sa raison d'être, à condition d'en user avec modération.

Ce serait pourtant une erreur et une hérésie de se priver d'un condiment aussi nécessaire en cuisine, parce qu'il porte un nom que d'anciens préjugés ont rendu suspect.

Si on le rebaptisait d'un nom différent et plaisant, les plus jolies femmes du monde en raffoleraient.

*

J'étais donc entré au Restaurant du Petit Moulin Rouge en avril 1865, je le quittai en septembre 1866 pour accomplir mes classes militaires à Villefranche-sur-Mer. Mon numéro de tirage au sort me classait dans la réserve de l'armée active. Je n'avais que cinq mois à faire.

Aussitôt cette période terminée, je revins à Paris, et le 1er mai 1867 (Exposition Universelle[14]), je rentrai de nouveau au Petit Moulin Rouge, cette fois comme Chef Garde-Manger. Puis la saison suivante, en 1868, comme Chef Saucier[15]; la saison terminée, je fus engagé comme chef de cuisine chez le Comte de North, fils naturel du roi d'Angleterre Georges IV, lequel, comme son père, était très amateur de bonne chère. Le Comte devant partir pour la Russie dans les premiers jours de mai, je revins prendre ma place de chef saucier dans ma vieille maison du Petit Moulin Rouge, en mai 1870.

Pendant la grande Exposition de juin 1867, une foule internationale venait dîner au Petit Moulin Rouge. Un soir vers 7 heures deux landaus s'arrêtent, avenue d'Antin, en face de l'entrée du restaurant. De la première voiture, descend un homme superbe, de type arabe, accompagné de trois personnages. Cet arabe n'est autre que le célèbre Émir Abd-el-Kader[16], l'homme qui pendant de nombreuses années soutint la guerre contre les français, dont il fut l'ennemi juré. Puis par suite d'événements qui lui furent défavorables, il dut, en 1847, se rendre au Général Lamoricière et fut interné à Toulon, à Paris, à Amboise, et rendu à la liberté en 1858. Dès ce jour, il devint un fidèle ami de la France.

À peine hors de sa voiture Abd-el-Kader fut l'objet de la curiosité des passants. Du second landau quatre personnes, en costumes arabes, le rejoignirent. Abd-el-Kader entrant, entouré de sa suite, dans le jardin du Petit Moulin Rouge fut pour les dîneurs une surprise sensationnelle. Tous les regards se fixèrent sur ce mâle visage aux yeux fascinateurs.

Une table réservée pour lui et ses invités étaient dressée dans le Pavillon Chinois. De là, il pouvait jouir d'un spectacle d'ensemble et de la délicieuse musique du concert Musard.

Voici la composition de ce dîner commandé dans la journée :

*

Melon Cantaloup arrosé de vieux Frontignan
Bisque d'écrevisses
Paillettes diablées
Truite saumonée pochée au vin de la Touraine
Sauce Mousseline
Pommes Bergerette
Selle d'agneau de Behague poêlée
Petits pois à la Française
Laitues farcies au riz
Fricassée de poulet à l'ancienne en gelée
Salade de pointes d'asperges Rachel
Aubergines au gratin
Bombe Nélusko
Gaufrettes Bretonnes
Pêches et Raisins Muscats
Café Mode Orientale
Liqueurs
Grande Fine Champagne
Les meilleurs cigares
Vins : Champagne parfumé à la fraise des bois
Château Yquem

Après cet excellent repas, Abd-el-Kader, quittant le cabaret mondain, fut de nouveau entouré de passants qu'étonnait ce personnage.

*

À la même époque j'ai eu, en diverses circonstances, l'avantage d'assister à des déjeuners de noce, et à de simples déjeuners d'amis qui se donnaient au célèbre restaurant de la Cascade.

C'est Napoléon III qui, en 1867 et 1868, fit transformer le bois de Boulogne, encore à l'état sauvage, en un véritable parc anglais tel qu'il se présente aujourd'hui à nos yeux.

Pendant plusieurs années, environ 1 200 ouvriers travaillèrent sous les directives de l'ingénieur Alphand et du célèbre architecte paysagiste Varé[17]. De fréquentes retouches amélioraient le plan initial au fur et à mesure que se découvraient de nouveaux moyens d'embellissement

L'Empereur visitait souvent les chantiers, émettant de nouvelles idées. Sur le plan, l'Impératrice elle-même ne dédaignait pas de teinter en vert, à l'aquarelle, la grande Cascade.

En creusant les lacs on fit, avec les terres retirées, leurs bords étagés, leurs butées abruptes et les îles aux si gracieux escarpements. La Cascade fut édifiée au moyen de roches extraites lors des fouilles d'aménagement du bois, et des blocs énormes furent apportés de Fontainebleau. Le tout, ajusté et façonné au ciment, donna à cette chute d'eau et à sa grotte, ainsi qu'à d'autres travaux artificiels du parc, leur aspect chaotique ou pittoresque qui surprend et réjouit la vue.

Le restaurant de la Cascade fut longtemps un but de promenade, et la halte favorite des calèches élégantes et des fringants cavaliers. Alors, on y connut de grands jours; c'était l'époque des fameux «cascadeurs», les noceux, les dandys, les lions de la mode et des salons. Et le rendez-vous des cortèges nuptiaux.

Puis, vint la bicyclette; la clientèle se démocratisa et se mua en foule compacte; mais un clou chasse l'autre... Parut l'auto dont les timides et audacieux essais, aux fréquentes pannes autour de l'hippodrome, amenèrent presque l'âge d'or. Les beaux chevaux relégués au dernier plan disparurent rapidement et cédèrent la place à l'auto, qui va vite sur les routes sans fin, vers d'autres sites, souvent moins attrayants. En dehors des jours de courses à Longchamp, la Cascade est maintenant trop près ou trop loin de Paris.

Mais l'Histoire, heureuse ou triste, marche à grands pas. Ces années sont l'apogée de la puissance de l'Empire Français : le prestige mondial. L'exposition de 1867, les Souverains de l'Europe à Paris.

Puis vint la guerre et la défaite, l'année terrible de deuils et de douleurs. Lorsqu'en juillet 1870, éclata la fatale guerre franco-allemande, je dus tout de suite rejoindre mon régiment.

DEUXIÈME PARTIE

Cuisinier de l'armée du Rhin

juillet-octobre 1870

Mobilisé !

En 1870, j'occupais la place de saucier au restaurant du Petit Moulin Rouge où j'avais pour chef M. Ulysse Rahaud, aujourd'hui en retraite.

Pendant les quelques jours qui précédèrent la déclaration de guerre, Paris présentait un aspect étrange. Le public, ignorant les dessous de la politique et les intrigues diplomatiques qui se déroulaient autour de la candidature d'un Hohenzollern au trône d'Espagne, tenait pour vraie la nouvelle — aussi fausse qu'absurde — de l'Ambassadeur français chassé par le Roi de Prusse. Cette insulte à la France suscitait une irritation extrême.

Aussi, lorsqu'au cours de la séance à jamais mémorable du 15 juillet, où malgré les objections et les efforts désespérés de Thiers, J. Favre et quelques autres, la majorité, s'appuyant sur la promesse aussi solennelle qu'affirmative apportée à la tribune par le Maréchal Le Bœuf, vota la rupture des relations avec la Prusse, ce fut un véritable délire.

Il était bien peu de Français qui ne crussent réellement que la campagne qui allait commencer ne serait, pour notre armée, selon l'expression d'alors, qu'une simple promenade militaire suivie d'un triomphal retour.

Comment, du reste, n'aurait-on pas cru aux succès de nos armes après toutes ces affirmations ? Plusieurs journaux ne publiaient-ils pas : « Que les Prussiens prennent tout leur temps, la France est prête ! ».

Ceux qui parlaient ainsi étaient sans doute de bonne foi, mais se trompaient, car on put s'apercevoir bientôt que nous n'étions pas préparés du tout.

Dès le lendemain de la déclaration de guerre, on vit les régiments de la garnison de Paris défiler par les rues et les boulevards, se rendant à la gare d'embarquement, où les attendaient les trains qui devaient les conduire à la frontière, escortés par une foule immense et enthousiaste.

Soldat de la réserve, de la classe 1866, j'avais accompli, au 28e régiment de ligne, une période de cinq mois, j'avais été versé, en cas d'appel, au 3e régiment d'infanterie. C'est dire que le départ des régiments de Paris donna le signal de celui des réservistes.

Je reçus bientôt mon ordre d'appel sous les drapeaux :

« Au nom du Ministre de la Guerre,

Il est prescrit au nommé, etc. etc. »

Dès le lendemain de la notification à la Prusse de la rupture des relations diplomatiques, le Ministre de la Guerre avait fait demander à la Société des Cuisiniers de Paris une dizaine d'ouvriers appartenant à la réserve, pour être attachés aux différentes sections et services de l'État-Major du Grand Quartier Général de l'Armée du Rhin.

Les événements s'étaient suivis avec une telle rapidité que cet appel resta à peu près sans écho et que la Société ne put fournir que quelques hommes dirigés vers la caserne Bonaparte, et engagés aussitôt par les chefs de popote.

Cependant le temps pressait. Vivement activés par le Ministre, les officiers d'ordonnance devaient à tout prix recruter les cuisiniers demandés, et c'est ainsi que je fus engagé, au Moulin Rouge même, par le Colonel d'Andlau, chef de la deuxième section d'État-Major, comme chef de cuisine de cette section, avec mon ami Bouniol comme aide.

Nous reçûmes l'ordre de nous rendre à la caserne Bonaparte où se trouvaient déjà nos collègues engagés pour d'autres services, entre autres mon ami Fagette qui venait d'être pris pour le service de la première section d'État-major.

Je crois devoir consigner ici un fait, insignifiant en apparence et qui, quatre mois plus tard, alors que j'arrivais en captivité à Mayence, me fit revoir le départ du 1er régiment de turcos, commandé par le Colonel Maurandy, et qui était alors à la caserne Bonaparte.

Dans la cour, le régiment était rangé en ordre de bataille. Le colonel, droit sur ses étriers, sabre en main, lança un vibrant : « En avant, marche ! ». La canne du tambour-major s'abaissa, et, sonore, martiale, entraînante, retentit la vieille marche française qui fait cadencer le pas aux « bleus » et se redresser fièrement les anciens. Le 1er turcos était en marche pour la frontière ! En franchissant la porte de la caserne, le tambour-major se retourna vers ses tapins et, entre deux moulinets de sa canne leur cria : « Enfants, regardez bien cette porte, peut-être ne la reverrez-vous pas ». Or, le premier soldat que je rencontrai, en arrivant au camp des prisonniers de Mayence, fut précisément ce tambour-major.

Hélas ! Sa prophétie était juste, car bien des soldats de cet héroïque régiment étaient tombés à Wissembourg.

*

Le départ du 1er régiment de turcos précéda le nôtre de quelques heures seulement. À notre tour, nous partîmes de Paris dans l'après-midi avec la 6e Compagnie de cavalerie de remonte dans laquelle le personnel de l'État-Major avait été versé en subsistance et nous fûmes embarqués à la Villette. De là, un train spécial nous emporta directement à Metz où nous arrivâmes dans la matinée du 25 juillet. Naturellement, la bonne humeur régna pendant le voyage et, pour n'en pas perdre l'habitude, on l'égaya par des chansons patriotiques. En arrivant à Metz, nous dûmes camper dans la rue Sous-Saint Arnoux et sur la place de la préfecture, où nous restâmes jusqu'au 14.

Jusqu'à ce moment je vécus la vie de troupier et présidai aux soins de la cuisine de mes camarades.

Bouniol entrait immédiatement au service de nos officiers, logés à l'Hôtel de l'Europe, auprès desquels il remplissait les hautes fonctions de Maître d'Hôtel.

Le 14 août au matin, je pris officiellement possession de ma place à la deuxième section d'État-Major.

L'épreuve du feu

Ce jour-là, l'Empereur, le Prince Impérial et leur État-Major partirent de Metz dans l'après-midi escortés par les cent gardes et un escadron de guides pour se rendre au camp de Châlon.

Ils s'arrêtèrent à Moulins-les-Metz. Notre section reçut l'ordre de quitter Metz et de se rendre également à Moulins-les-Metz. Au même moment une violente canonnade se fit entendre à l'est de Metz : la bataille de Borny s'engageait.

Notre ordre de départ arriva tellement à l'improviste que je ne pus me procurer qu'un énorme roastbeef et quelques conserves que je m'empressai de placer dans les cantines, chargées sur le fourgon de la section. Notre train de campagne spécial, composé de ce fourgon où on plaçait les cantines des officiers et des subsistances, était attelé à deux chevaux conduits en guides par un cavalier de la remonte. Il portait comme indication : État-Major général, 2e section.

Nous avions la possibilité de nous hisser à côté du conducteur, ou de faire la route à pied, mais ce ne fut guère qu'en cette seule occasion, à l'issue du 1er septembre, quand fut livrée la bataille de Servigny, que nous eûmes la possibilité de l'utiliser.

Les soldats attachés à l'État-Major et le train de campagne affecté au service de celui-ci étaient placés sous le commandement d'un sous-officier, mais j'avais seul la responsabilité du fourgon de ma section et la détention de la clef qui l'ouvrait.

Notre tenue se composait naturellement de l'uniforme du régiment auquel nous appartenions, mais en arrivant à l'étape, nous échangions la vareuse pour une veste de cuisine.

Les routes de Metz à Moulins étaient tellement encombrées que nous mîmes environ huit heures pour faire un chemin de quatre ou cinq kilomètres et n'arrivâmes que dans la soirée.

C'était notre début et cependant nous installâmes notre bivouac avec un brio et une célérité de vrais troupiers d'Afrique.

Le campement de notre section se trouvait à l'extrémité du village de Moulin, derrière une petite maison située près de la ligne du Chemin de fer de Reims, alors en construction.

Il était environ onze heures du soir et, certes, je n'avais nulle envie de dormir. Cette incertitude de tous les instants et surtout la façon dont je composerais mon menu du lendemain, me tenaient en éveil.

Il faisait une nuit superbe ; l'une de ces nuits de canicule si chère aux vagabonds et aux cheminots, et Bouniol et moi étions restés dehors à deviser sur les difficultés que nous allions rencontrer pour nous ravitailler dans ces pays mis à sac par de continuels passages de troupes.

Je me demandais surtout comment j'allais utiliser le roastbeef que j'avais emporté, morceau excellent à la vérité mais qui pourtant ne pouvait être mangé cru.

Comment diable allais-je l'apprêter ? Le brasier, selon les grands et immuables principes ? Impossible d'y songer, l'ennemi était autour de nous. À chaque instant, l'ordre de partir pouvait arriver, et à aucun prix je n'eusse voulu abandonner ce que je considérais comme la pièce de résistance du lendemain. Ma décision fut vite prise, tant il est vrai que les grands dangers enfantent les grandes résolutions.

«Parbleu! dis-je à Bouniol, je vais le rôtir immédiatement et de cette façon, quoi qu'il arrive, je ne serai pas pris au dépourvu, l'ordre de partir arriverait-il au milieu de la nuit».

Ce fut aussitôt entrepris que pensé et si la nécessité rend industrieux, c'est surtout dans des occasions comme celle où je me trouvais.

Quatre piquets arrachés à la haie clôturant la ligne de chemin de fer et enfoncés en terre, entrecroisés en forme de X, placés à environ 60 centimètres l'un de l'autre me fournirent les soutiens de cette broche improvisée et rudimentaire. Un cinquième piquet équarri à coups de sabre me servit à embrocher la pièce et c'est encore à la haie que j'empruntai le combustible. Cinq minutes après, cette broche digne des temps antiques flambait dans la nuit et soulevait dans le camp un étonnement qui nous valut de nombreux visiteurs. Il s'en fallut de peu que, de simples curieux, ces visiteurs ne devinssent des larrons, tant le roastbeef, qu'une légère coloration rendait plus appétissant, les tentait.

La défense de cette pièce fut homérique, il nous fallut bientôt, Bouniol et moi, prendre le sabre en main pour repousser d'effrontées tentatives d'enlèvement. L'un d'eux, un zouave, trompant notre surveillance, s'approcha en rampant et poussa la hardiesse jusqu'à porter une main sur la broche. Furieux, Bouniol bondit sur lui en l'accablant de toutes les invectives que peut fournir le répertoire soldatesque, et Dieu sait s'il est varié, tandis que le zouave tout penaud jurait sur sa barbe qu'il n'avait voulu que prendre du feu pour allumer sa pipe.

Le lendemain 15 août, il était à peine sept heures du matin lorsque je reçus l'ordre de tenir prêt, pour neuf heures, un déjeuner confortable, attendu que les hasards de la journée laissaient bien incertaine l'éventualité d'un second repas.

Je me félicitai alors de ma décision de la veille et mon menu fut vite composé. Le voici :

> *Sardines à l'huile - Saucisson*
> *Œufs à la coque*
> *Le roastbeef cuit à point*
> *Salade de pommes de terre*
> *Café et Fine Champagne*[18]

Nous quittâmes Moulins dans le milieu de la journée pour nous rendre à Gravelotte[19] où nous arrivâmes vers les six heures du soir. Ma première préoccupation fut d'installer ma cuisine et de lancer Bouniol à la recherche de combustible et surtout d'eau, très rare en ce pays où hommes et chevaux devaient s'alimenter. En temps ordinaire et avec la sécheresse qu'il faisait alors, la population du village disposait juste de la quantité d'eau nécessaire à sa consommation. En furetant dans le village, Bouniol découvrit un puits où il y avait encore de l'eau, mais il se heurta au refus formel du paysan auquel il appartenait. Il fallait jouer plus fin. « Soit, dit Bouniol, si vous ne voulez pas me laisser prendre quelques litres d'eau... je vais alors chercher mes camarades et leurs chevaux, et nous verrons bien si vous leur refuserez. »

Effrayé, le paysan consentit, fort heureusement car, hormis celui-là, tous les puits du village étaient à sec. Sans le secours d'un petit filtre dont je m'étais muni à tout hasard en quittant Paris, et avec lequel je tirai à clair quelques litres d'eau boueuse où avaient piétiné les chevaux, j'aurais été fort embarrassé.

Je suis persuadé que ce jour-là, avec la chaleur qu'il faisait, nombre d'hommes et de chevaux souffrirent horriblement de soif.

Je pus enfin rédiger mon menu qui comportait :

Thon - Sardines - Saucisson

Soupe à l'oignon

Lapin sauté

Pommes de terre frites à la graisse de porc

Fromage - Café

Ce lapin qui figure dans le menu mériterait assurément une place dans les mille et un petits faits de cette campagne sous le nom de « Lapin de Gravelotte » aussi bien parce qu'il était peut-être le seul qui restât dans la région, que par la façon dont il fut accommodé. Pour nous le procurer, il nous fallut déployer une sagacité de Peaux-Rouges en chasse. Restait maintenant à trouver la façon de l'apprêter. Le métamorphoser en boudins ou en côtelettes ? Impossible d'y songer. L'heure avançait, et, à la guerre comme à la guerre, je m'arrêtai à ce procédé. Je fis donc sauter à la poêle mon lapin dépecé, avec du saindoux ; six gros oignons finement hachés, sel et poivre, je l'arrosai ensuite d'un verre de cognac, autant de vin blanc, et en avant la cuisson !

Vingt minutes après, le « lapin sauté » que l'on pourrait tout aussi bien appeler « à la Soubise » puisque l'oignon réduit en purée en formait le principal condiment, était prêt à servir. J'ajouterai que nos officiers le trouvèrent délicieux. J'avais affaire, il est vrai, à des hommes très sensibles à la bonne chère en temps ordinaire, mais qui, dans les circonstances où nous nous trouvions, savaient se contenter de peu et apprécier les efforts faits pour les satisfaire. Ils avaient de plus graves soucis que celui de leur table, et le désir de remplir consciencieusement et bravement leur devoir les préoccupait plus que tout le reste.

Ce fut ainsi que ce soir du 15 août 1870, jour de la fête de la Vierge, patronne de la France, dînèrent les premiers officiers de l'État-Major de l'Armée du Rhin, la veille de cette bataille de Gravelotte qui restera dans l'histoire comme l'une des plus grandes du siècle, la seule aussi, hélas! où la victoire nous appartint sans conteste, faisant oublier déjà les revers passés et remettant au cœur de tous la confiance en soi et l'espoir dans l'avenir...

La bataille de Gravelotte

Le lendemain, de très bonne heure, l'Empereur et le Prince Impérial quittèrent Gravelotte pour Verdun et le commandement en Chef de l'Armée était remis à Bazaine, La matinée était superbe et rien ne laissait prévoir qu'une grande bataille allait s'engager aussitôt.

À neuf heures et demie je faisais servir, en plein air, le déjeuner des officiers qui comportait mon invariable :

Hors-d'œuvre
Les reliefs de mon roastbeef de la veille
Pommes de terre frites
Fromage et Café à la Turque

Le café à peine servi, quelques coups de canon mirent tout le monde en alerte. Sans même finir de déjeuner, les officiers sautèrent à cheval pour rejoindre leur poste et, quelques instants après, la bataille s'engageait pour ne finir qu'à dix heures du soir. Exactement au même moment, à l'autre bout du village où mon collègue Fagette avait installé sa section, arrivait un régiment de cuirassiers. Quand ceux-ci parurent, ses officiers allaient, tout comme les miens, prendre leur café. L'un d'eux se détacha, se porta au-devant du régiment et invita le colonel à trinquer avec eux. Le colonel fit faire halte et descendit au milieu des officiers qui l'avaient invité. Au moment précis où il portait le verre à ses lèvres, le premier coup de canon retentit. Il posa précipitamment le verre, remonta à cheval et les cuirassiers partirent au grand galop. Ce colonel fut tué à la fin de la journée.

Je ne saurais décrire les diverses phases du combat qui se déroulait à plusieurs kilomètres de là, ni indiquer les régiments qui évoluaient autour de nous pour aller prendre part à l'action.

Je rapporterai seulement quelques faits qui se passèrent autour de l'endroit où nous nous tenions : derrière une ferme située sur la route de Verdun, à 500 mètres environ de notre position du matin sur le versant de la côte faisant face à Gravelotte.

Dans cette ferme, une ambulance volante avait été établie et elle ne chôma pas. Dès le premier instant des blessés y furent apportés et nous pûmes juger alors de ce qu'était la guerre.

Parmi les premiers blessés qui arrivèrent, un jeune soldat, gravement touché au bras, n'avait pas voulu se séparer de son fusil dont le canon était tordu. Je lui offris un verre de rhum pour le réconforter et l'accompagnai jusqu'à l'ambulance. Chemin faisant, il m'apprit qu'il était pâtissier, et en plus natif d'Aix-en-Provence. Un compatriote par conséquent.

Vers les quatre heures de l'après-midi, une vive alerte se produisit dans un bivouac : une vingtaine d'hommes apparus sur la hauteur de la côte dont nous occupions le versant, se repliaient sur nous en faisant feu sur le versant opposé. D'où nous conclûmes qu'un détachement ennemi s'avançait de notre côté.

Un lieutenant de gendarmerie partit immédiatement au grand galop pour savoir ce qu'il en était; il fut bien surpris de reconnaître en ces tirailleurs des traînards de différents régiments; tireurs au flanc aussi bien en garnison que sur le champ de bataille, ils employaient leurs munitions sur des lièvres qui, chassés de leurs refuges, couraient affolés dans la plaine. Il va sans dire que ce ne furent pas précisément des éloges que l'officier adressa à ces mauvais soldats et qu'immédiatement il les fit diriger en première ligne de bataille.

J'aurais volontiers passé ce fait sous silence, peu à l'honneur de quelques soldats qui trouvaient bon d'utiliser leurs munitions de guerre dans une partie de chasse, mais il est nécessaire de faire ressortir cette couardise à côté de la bravoure d'autres soldats du 43ᵉ de ligne qui au même moment chargeaient l'ennemi à la baïonnette. Tandis que les chasseurs de lièvres provoquaient tout cet émoi, trois cuirassiers, échappés sans doute de la charge contre la brigade de cavalerie Bon Bredox et les cuirassiers de Magdebourg, arrivaient à l'ambulance ; criblés de blessures autant que leurs chevaux, l'un d'eux avait le nez littéralement emporté par un projectile.

Tous trois, dans un état de surexcitation indescriptible, se firent panser sommairement et, après un verre de Cognac, remontèrent à cheval et les éperons au ventre de leur monture, repartirent au galop en criant : « Vive la France !... ».

*

La bataille se termina à dix heures du soir. L'armée allemande était repoussée dans la direction d'Ars-sur-Moselle et les troupes françaises, harassées, prirent leurs emplacements de nuit sur les positions conquises. Successivement arrivèrent les officiers de notre section, tous sains et saufs, fort heureusement, et je me mis rapidement en mesure de leur servir un souper dont ils avaient grand besoin.

La nuit était très sombre, le vent tellement violent que les quelques bougies qui éclairaient la table dressée en

plein air se trouvaient éteintes à chaque instant, au déses-
poir de Bouniol qui sacrait comme un païen. Tout le
monde néanmoins était d'excellente humeur, et les officiers commentaient un fait inouï dont ils avaient failli
être victimes.

Dans le cours de la bataille, à un moment où le Maréchal Bazaine se portait, avec sa suite, vers une batterie
qu'il avait fait établir, il se trouva tout à coup entouré par
plusieurs escadrons allemands. Les succès faciles auxquels étaient habitués les hussards noirs les avaient rendus extrêmement audacieux sans les rendre plus braves.
Comme de simples cavaliers, les officiers de l'État-Major
du Maréchal mirent le sabre à la main et chargèrent les
hussards allemands, qui se dispersèrent aussitôt. Si ces
teutons eussent été réellement des braves le maréchal et
son État-Major étaient pris sans coup férir.

Il arriva même que le capitaine Tamajo, emporté par
son ardeur, se mit à la poursuite d'un officier allemand
qu'il eut bien vite rejoint. Les deux cavaliers galopaient
botte à botte, en se portant ou parant des coups de sabres
lorsqu'un soldat de nos amis nommé Hubert, ordonnance
du Colonel Samuel, qui venait en sens inverse, tira son
sabre et pointa droit sur l'allemand qu'il transperça. Tous
deux (M. de Tamajo et Hubert) revinrent ensemble trouver l'État-Major et un peu plus tard, Hubert reçut la
médaille militaire pour sa courageuse intervention.

À deux heures du matin, à peine le souper des officiers
était-il terminé qu'arriva l'ordre de se replier sur Metz. Il
fallut plier bagages et partir immédiatement dans la nuit
noire.

Cette journée du 17 août se passa en marches aussi inu-
tiles que fatigantes, de sorte que ce fut seulement tard
dans la soirée que nous arrivâmes au village de Plappeville situé sous le fort du même nom, à l'ouest de Metz.

Les officiers de la section et nous, pûmes trouver à
nous loger dans une petite auberge où nous passâmes la

nuit. C'est également là que s'était transféré le grand quartier général dont les escadrons d'escorte étaient campés au bout du village. Le lendemain, le canon se fit entendre vers les onze heures du matin. C'était le début de la bataille de Saint-Privat où les grenadiers de Guillaume trouvèrent leur tombeau, comme le télégraphiait le vieux roi à la reine Augusta et que les historiens allemands appellent la bataille de Gravelotte.

Ce fut aussi la dernière bataille livrée en rase campagne, sous Metz, par les armées françaises qui le lendemain se concentrèrent sous les forts et les murs de la ville. La canonnade qui d'instants en instants prenait plus d'intensité annonçait que l'affaire était sérieuse. Anxieux, et soucieux, les officiers allaient et venaient, commentant nos chances de succès et songeant à tout autre chose qu'à leur repas. Et cependant, j'avais pu, ce jour-là, préparer un menu assez confortable qui se composait de :

Hors-d'œuvre

Œufs à la poêle

Blanquette de veau

Côtelettes de mouton et Pommes frites

Café - Liqueurs

Mais les circonstances firent que mon menu n'eut qu'un succès relatif car l'esprit était ailleurs.

Le pâté du siège de Metz

Le 19 août, les divers mouvements de l'armée nous amenèrent entre les forts et la ville où nous passâmes la journée et la nuit. Le 20, nous arrivâmes au Ban-Saint-Martin où le Maréchal Bazaine établit son quartier général, à la villa Cornélis, où il devait rester jusqu'à la capitulation. Le Maréchal avait pour cuisinier un nommé Perrin, fils d'un pâtissier de Metz qui quelques années plus tard reprit la maison Chevet à Reims. Ce Ban-Saint-Martin où nous arrivions est une sorte d'esplanade située aux portes de Metz, grande comme la place des Invalides et sur laquelle on passait les revues. Elle était entourée d'une ceinture de grands peupliers qui furent abattus par la suite, de villas et de maisons bourgeoises. C'est là que furent campés les Zouaves et la division de cavalerie de la Garde, ainsi qu'une partie de l'artillerie. Notre section fut logée chez M. Beaubourg, propriétaire et professeur de latin au collège de Metz, qui, avec beaucoup de complaisance, mit sa cuisine à ma disposition. À partir de ce jour, la première section d'État-Major, dont Fagette était le cuisinier, se réunit à la nôtre et nous ne nous quittâmes plus, jusqu'à la capitulation.

Pour nous, nous transformâmes en dortoir un hangar qui se trouvait au fond de la cour, où nous logeâmes avec les ordonnances des officiers. Ce même jour, le 20 août, le Prince-Rouge, à la tête de sept corps d'armée, commença l'investissement de Metz, qui, huit jours plus tard, après les batailles de Noisseville, Nouilly et Coiney, se transforma en un étroit blocus.

Dans le monde militaire, comme dans l'élément civil, une seule idée dominait alors ; forcer les lignes allemandes et rejoindre l'armée de Mac-Mahon, en marche sur Montmédy. Tout le monde était persuadé que la jonction des deux armées était certaine, l'éventualité d'un siège n'était même pas envisagée. On eût pu alors assurer le ravitaillement de la ville en y faisant rentrer les nombreuses denrées telles que blé, fourrages, vins et légumes qui se trouvaient encore dans la banlieue messine, et cette simple mesure de prévoyance eût évité, par la suite, bien des privations à l'armée et à la population. On eût pu même laisser ces denrées sur pied, quelques-unes du moins, et les récolter à leur heure, mais il semblait que l'on prit plaisir à dévaster et à gâcher tout ce qui, un peu plus tard, aurait été si utile.

Les 2e et 3e corps avaient établi leurs campements sur les pentes du mont Saint-Quentin, sur lequel s'élève le fort de Plappeville. Les différentes fractions de ces corps d'armée s'étaient établies dans les jardins fruitiers et les vignes qui furent promptement saccagés, bien qu'à cette époque le raisin ne fût pas mûr. Cette dévastation prit un caractère tel, que le commandant en chef prescrivit aux chefs de corps de prendre les mesures les plus sévères pour la faire cesser, sous peine de dix mois de forteresse contre tout soldat pris en flagrant délit de maraude.

Du 20 au 28 août, ce ne fut qu'une suite continuelle de déplacements de corps d'armée, d'ordres donnés et contremandés, de plans aussitôt abandonnés que conçus. Cependant, on espérait toujours en l'arrivée de Mac-Mahon. La gaieté française, qui ne perd jamais ses droits, célébrait sa venue, à l'avance, par des litanies dans le genre de celle-ci : Mac-Mahon, rends-nous les bons gigots

et les tendres biftecks, etc. Dès le 28, les provisions se faisaient rares, le cheval avait fait son apparition sur l'étal
des bouchers. Les œufs valaient 6 francs la douzaine, le
sucre 3,20 francs le kilo. Quant au beurre frais, il n'y fallait plus songer. Il y avait huit jours que les armées allemandes entouraient Metz et déjà on parlait vaguement de
rationner.

*

Dès notre entrée dans Metz, j'eus l'intuition de ce qui
allait advenir, et, prenant mes précautions en consé-
quence, j'avais réuni dans une basse-Cour située au fond
d'un jardin où nul que moi ne pouvait pénétrer, une cinquantaine de poules et poulets, quelques oies, canards et
dindes, une demi-douzaine de lapins, deux petits cochons,
un mouton et une chèvre.

J'avais aussi mis en réserve quatre jarres de cette excellente confiture de mirabelles de Metz, si renommée, qui
me rendit par la suite énormément service, car je m'en
servais pour remplacer le sucre totalement disparu.

J'amassai également une vingtaine de kilos de sel qui
me fut si utile, lorsque, plus tard, il fut impossible de s'en
procurer, et que l'on dut recourir à toutes sortes de
moyens pour le remplacer, l'utilisation par exemple d'une
source d'eau salée qui alimentait des moulins à tan, et des
produits chimiques que fabriquaient les pharmaciens.
Enfin, je complétai mes réserves par une provision de
sardines, de thon mariné et Liebig : inspiration heureuse
dont mes officiers n'eurent pas lieu de se plaindre, car ils
furent assurément les mieux traités de tout l'État-Major,
hormis Bazaine.

Tant que je pus me ravitailler sur les marchés de la
ville, je me gardai bien de toucher à ma réserve qui, du
reste, ne nous eût pas mené loin si j'avais agi sans prévoyance. Bien au contraire, je ne manquai pas d'acheter

quelques petits cochons de lait avec lesquels je confectionnai d'excellents pâtés, que j'appelai «Pâtés du Siège de Metz».

*

Le 1er septembre eut lieu la bataille de Servigny à laquelle j'assistai. Nous avions reçu, le 31 août, l'ordre de suivre nos sections, et on nous conduisit à l'île Chambière où nous passâmes la nuit du 31 août au 1er septembre. Cette nuit était glaciale et on souffrait énormément du froid. Le matin il faisait un brouillard intense et on nous amena, dès le point du jour, sous le fort Saint-Julien. Je pus cette fois, de la position que j'occupais, suivre toutes les phases du combat, me trouvant placé en avant du fort Saint-Julien, à côté d'une batterie d'artillerie, derrière laquelle se trouvaient en soutien les grenadiers de la Garde. À peine cette batterie était-elle installée qu'elle fut prise de flanc par les canons prussiens et criblée d'obus.

Je ne revis les officiers de ma section que le lendemain à midi, et hâtivement je pus leur servir, sous les murs du fort, un déjeuner sommaire qui se composait de :

Œufs à la coque

Foie de bœuf aux fines herbes

Viande froide

Fromage de gruyère

Les historiens militaires ont dépeint cette bataille de Servigny et ses conséquences. Ce que je puis dire, c'est que les obus y tombaient dru, et que ce fut la dernière fois que je sortis de Metz, jusqu'à la fin du siège. Le soir, en rentrant au cantonnement, on nous apprit que le rationnement commençait. Dans la matinée était paru un arrêté du Gouverneur de Metz prescrivant de délivrer

pour la consommation de l'armée toutes les vaches lai-
tières disponibles. Mais sur de nombreuses observations,
adressées au Général Coffinières et faisant ressortir qu'il
était indispensable d'avoir du lait pour les femmes et les
enfants, cet arrêté fut rapporté, du moins momentanément.

Le 7 septembre, lorsque fut confirmée la nouvelle du
désastre de Sedan[20], ce fut une consternation générale.
C'est ce même jour que partirent de Metz les premiers
ballons-postes, dont l'idée a été attribuée au capitaine du
génie Rossel, celui-là même qui, quelques mois plus tard,
devait devenir Ministre de la Guerre sous la Commune et
terminer sa carrière sous le feu du peloton d'exécution de
Satory.

Ce service de ballons fonctionna régulièrement par la
suite. C'était, du reste, le seul moyen qui nous restait de
communiquer avec la France, dont les lignes allemandes
nous séparaient. On écrivait sur une feuille de papier, for-
mat de papier à cigarettes, quelques lignes seulement,
pour donner aux siens des nouvelles de sa santé. Puis,
toutes ces feuilles étaient réunies en un seul paquet attaché à un petit ballon que l'on lâchait, non toutefois sans
avoir ajouté l'inscription suivante «Prière à la personne
qui trouvera ce paquet de vouloir bien le remettre au plus
prochain bureau de poste». Beaucoup de ces messages
arrivèrent à destination, et les quelques mots qu'ils appor-
taient rendirent un peu d'espoir à bien des familles,
inquiètes du sort des leurs qu'ils savaient enfermés dans
Metz.

Le commencement de la fin

Le 8 septembre, parut un arrêté du Gouverneur de la Place prescrivant à chaque régiment de cavalerie de livrer pour la consommation de l'armée quarante de ses chevaux, choisis, bien entendu, parmi les plus éprouvés par la fatigue et les privations. Les hommes, démontés à la suite de ces livraisons, recevaient aussitôt le fusil de l'infanterie. À partir du 10 septembre, la viande de cheval fut la seule que l'on pût se procurer, les quelques bœufs qui restaient étaient réservés aux malades.

Le 13 septembre, la ration de pain subit une nouvelle diminution, elle fut ramenée de 750 à 500 grammes.

De temps à autre, les régiments de cavalerie encore en état faisaient des sorties en vue de fourrager, mais ce qu'il était facile de se procurer dans le rayon placé sous le canon des forts fut vite épuisé et dès le 18 septembre, on prescrivit de ramasser les feuilles de certains arbres pour la nourriture des chevaux.

Ce fut vers le 15 septembre que commença à se faire sentir la disette de vivres et que je dus attaquer ma réserve. La viande de cheval forma dès lors mes pièces de résistance. Et mes menus comportaient : un jour le pot-au-feu de cheval, le lendemain du cheval braisé, aux macaroni, aux lentilles, aux haricots, à la purée de pois, etc.

Je puis dire que la chair de «la plus belle conquête de l'homme» fut par moi, à cette époque, non pas mise à toutes les sauces, mais enrichie de toute la lyre des garnitures de légumes secs. Mais j'avais toujours le soin de blanchir le morceau dont je disposais et de le rafraîchir ensuite. Cette simple précaution lui enlevait son goût âcre et le rendait plus agréable à manger. Il est facile de comprendre que cette viande ne pouvait posséder de bien grandes qualités gustatives, étant donné les privations dont avaient souffert ces pauvres animaux et le fait que l'on n'abattait, pour commencer, que les plus mauvais chevaux.

Dès cette époque, je m'appliquai à économiser le plus possible, tout en donnant toujours à la table de mes officiers une certaine abondance, et ce en prévision de l'avenir. Les menus du dîner se composaient d'un potage gras ou maigre, après lequel venaient le relevé et un rôti pris parmi les hôtes de ma basse-cour, suivi d'une salade, d'un entremets de fruits, enfin le café et le Cognac complétaient ces repas qui n'avaient rien de sardanapalesque en temps ordinaires, mais qui cependant semblaient l'être en ce temps-là.

Le déjeuner était presque toujours composé des reliefs du dîner de la veille, et certes je m'élevai alors à des hauteurs inconnues dans l'art d'accommoder les restes qui eussent stupéfié le baron Brice et... bon nombre de collègues. Quant à nous, le personnel servant composé de moi, Bouniol, Fayette et son aide, nous vivions à peu près comme les officiers, combinant de superbes gratins avec les parcelles de volaille détachées des carcasses auxquelles j'ajoutais du macaroni coupé en fragments, en liant le tout avec quelques cuillerées de béchamel. De temps à autre, et ce jour-là il y avait jubilation parmi les élus, je pouvais me procurer, mais à quel prix, et quelles difficultés, des petits brochetons pêchés dans la Moselle, que j'accommodais en matelotes.

La plupart des légumes étaient impossibles à trouver et, dès le 20 septembre, les pommes de terre manquèrent totalement. Quand, par la suite, on put en obtenir quelques-unes, c'était par des soldats qui allaient les déterrer jusqu'aux avant-postes ennemis. Comme légumes frais, je ne disposais que de navets, mais je dois dire que jamais je n'en trouvai de meilleurs. Je les accommodais de toutes les façons possibles, ils étaient surtout appréciés lorsqu'ils servaient de contours à un canard de ma basse-cour. Pour comble de bonheur, parmi les poules que j'avais, quelques-unes pondirent régulièrement. Ces œufs, religieusement conservés, formaient le premier plat et la friandise du jour dominical.

Je les servais quelquefois à la coque, d'autres fois, pochés sur un lit de chicorée et, le plus souvent, sur un hachis de morceaux de cheval de desserte, avec une sauce à l'estragon.

Dans les premiers jours d'octobre, la ration de viande, encore diminuée, avait été ramenée à 250 grammes. Il est vrai qu'elle avait été augmentée par l'abattage forcé des chevaux de cavalerie, mais cette viande, cuite sans sel, ajoutée à un pain de déplorable qualité, ne pouvait sustenter convenablement les hommes. Ils contractèrent bientôt les germes de la dysenterie qui fit tant de victimes parmi eux, à Metz d'abord, puis en captivité.

Le manque de sel fut certainement l'une des privations les plus grandes dont eurent à souffrir les soldats et la population.

Nos officiers, étant tous assez fortunés, nous laissaient intégralement ce qu'ils touchaient en vivres de campagne, tels que vin, eau-de-vie et biscuits. J'aurais pu en tirer bénéfice, mais je préférais de beaucoup les conserver pour les offrir à mes vieux amis du 28e régiment, qui s'en montraient profondément touchés et reconnaissants. L'un d'eux m'avait rapporté de Ladonchamps une carabine d'artilleur prussien que je me proposai de conserver, comme souvenir de campagne. Mais, au moment de la capitulation, je dus m'en débarrasser et la jetai dans la Moselle.

Les grandes souffrances de l'armée et de la population de Metz commencèrent réellement vers le 10 octobre. À cette époque aussi mes provisions commencèrent à diminuer sérieusement. Dans mon arche de Noé, la chèvre fut l'animal qui me rendit les plus grands services, car elle me donnait chaque jour la valeur d'un demi-litre de lait. De cette faible quantité additionnée d'une partie d'eau, je tirais une sauce béchamel, d'où le beurre était exclu et pour cause, mais cette sauce m'était d'un grand secours. Je me servais aussi de ce lait pour des soupes à l'oseille et le plus souvent pour cuire le riz, base de mon principal entremets pendant toute la durée du siège. C'est alors que ma réserve de confitures de mirabelles me rendit service. C'était un entremets sans nom qui cependant en méritait bien un. Plus tard, je le baptisai : Riz à la Lorraine.

Je l'apprêtais ainsi : Je garnissais le fond d'une timbale d'une couche de mon riz cuit au lait de chèvre sans sucre puisque celui-ci manquait totalement. Sur cette première couche de riz je disposais une copieuse couche de confiture, puis une couche de riz et ainsi de suite. Sur la dernière couche de riz, j'étalais une compote de Pommes ou de poires que je saupoudrais d'un peu de biscuit militaire écrasé en guise de chapelure.

Le 20 octobre la pénurie de provisions m'obligea à un dernier sacrifice. Il me restait un petit cochon qui fut immolé et jamais peut-être compagnon de Saint Antoine ne fut plus fêté, car il apportait une telle variété de choses, que l'ordinaire-extraordinaire réclamé par le fusilier Larricot se trouvait atteint pour une fois. Les saucisses, boudins et crépinettes furent saluées avec allégresse. Les filets rôtis s'enrichirent d'une garniture de lentilles et les jambons de haricots blancs. Les côtelettes me fournirent un pilaw apprécié. Enfin, une succulente terrine fut confectionnée avec la tête, les débris et parures religieusement mis de côté.

Ces diverses provisions m'amenèrent jusqu'au 25 octobre et, ce jour-là, je fus véritablement effrayé en faisant l'inventaire de ce qui me restait.

Le 27 octobre, après les décisions arrêtées le 26 par le Grand Conseil de Guerre, le Général Jarras se rendit au Château de Fescaty, où il négocia les termes de la capitulation avec le Prince Fréderic-Charles et le général Von Stichle. Un article du Protocole portait que les officiers de l'Armée Française pourraient conserver auprès d'eux leurs ordonnances et, comme on le verra plus loin, nombre de soldats bénéficièrent de cette mesure, lorsqu'ils furent rendus en captivité. Enfin, le 28 octobre, l'acte était consommé. Metz était livrée aux Prussiens et l'armée prisonnière de guerre.

Au matin du troisième jour après la capitulation, je pris congé de mes hôtes qui me témoignèrent toutes les marques de la plus affectueuse sympathie ; je me dirigeai à mon tour vers la gare de Metz pour y être embarqué comme prisonnier de guerre, et dirigé sur l'Allemagne. Je dus, pour me rendre à la gare, traverser tout le Ban-Saint-Martin et jamais je n'oublierai ce spectacle lamentable des quelques chevaux restant de cette magnifique division de la Garde, agonisant dans les flaques d'eau et se soulevant péniblement sur mon passage. Ils tournaient des yeux qu'ont eût pu croire humains, tant la supplication y était ardente et vivante.

Jusqu'au dernier, ils étaient condamnés à crever là, ces nobles animaux qui avaient, dans la charge du plateau d'Iron, porté leurs cavaliers en face des cuirassiers de Magdebourg, des dragons royaux, et des uhlans d'Altmark. C'étaient eux aussi des martyrs, victimes de cet homme néfaste[21] à qui Metz dut tant de misère.

TROISIÈME PARTIE

La défaite et la captivité
novembre 1871 - août 1872

L'apprentissage de la honte

Le troisième jour de l'évacuation de Metz par les troupes françaises, je dus donc me résigner à me rendre à la gare pour y être embarqué et dirigé sur l'Allemagne.

Plus favorisé que mes compagnons d'armes, je n'eus pas de ce fait la honte de défiler devant les Prussiens en armes, alignés le long des routes, pour surveiller l'écoulement des colonnes de prisonniers.

J'étais accompagné par Bouniol qui n'avait pas voulu me quitter et devait rejoindre, à Mayence, le lieutenant auquel il était attaché au moment de la capitulation.

En effet, les officiers avaient eu la faveur de pouvoir conserver leur ordonnance auprès d'eux, pendant leur captivité.

Personnellement, j'avais été désigné pour le service du colonel d'Andlau, et Fayette accompagna à Hamburg le colonel Levral.

Notre liberté toute relative s'explique par le fait que nos officiers étaient responsables de nous vis-à-vis de l'autorité allemande.

*

Un train spécial nous attendait en gare de Metz.

À peine installés, un coup de sifflet strident nous fit

sursauter et le train s'ébranla. Nous étions en route pour l'exil, sachant seulement qu'on nous dirigeait sur Mayence, mais ignorant complètement sur quel point de l'Allemagne nous serions internés. Tant que nous le pûmes, nous restâmes aux portières, répondant de notre mieux aux adieux que nous adressaient les braves Messins. Maintenant, dans la campagne désolée, sous ce sombre ciel d'automne, le train roulait. Absorbés par nos réflexions, nous songions avec amertume à ce voyage de Paris à Metz, quelques mois auparavant, où nous étions si gais, pleins d'espérance, et bien loin de supposer cette suite ininterrompue de désastres.

Nancy fut la première ville où stoppa notre train. Les abords de la gare étaient gardés militairement, par les Prussiens, pour empêcher les scènes scandaleuses qui avaient marqué le passage de premiers convois de prisonniers. En dépit de ces précautions, (mais il est bon de dire que la police prussienne était plutôt bienveillante pour les agitateurs), des pierres furent lancées sur notre train qui fut en outre accueilli par les cris de : « À bas les lâches ! Mort à Bazaine ! Vivent les Prussiens ! ».

Je me hâte de dire que le timbre de ces voix avinées n'avaient nullement une résonnance française... Des lâches ? Ces soldats qui avaient si bravement combattu, et que la trahison, plus encore que le sort des armes, avait livrés à l'ennemi, qui avaient tant souffert moralement et matériellement, et dont un si grand nombre devait rester en terre étrangère !... Des lâches ?... ces hommes qui brisaient leurs armes en pleurant, et qui, maintenant, s'en allaient en captivité !

Lâches... oui, ceux qui insultaient ainsi à leur malheur. Plus que lâche, cette tourbe idiotement féroce et crapuleuse venue on ne savait d'où et dont chaque figure reflétait l'ignominie... Les femmes surtout, (je devrais dire d'ignobles femelles), dans cette foule dépenaillée, manifestaient une exaltation plus farouche encore que les hommes. Ce furent quelques minutes véritablement atroces que nous passâmes là et nous éprouvâmes un réel soulagement lorsque le train se remit en marche.

Les soldats prussiens avaient bien l'air de chercher à maintenir l'ordre dans cette cohue, mais il était visible qu'au fond, ces insultes qui nous étaient prodiguées les enchantaient. Que pouvaient-ils désirer de plus ? Voir des soldats français insultés en France, par des gens que l'on eût pu croire français !...

*

Jusqu'à Mayence, où nous n'arrivâmes que le lendemain à minuit, aucun autre incident ne se produisit. Les gares du parcours étaient, du reste, occupées par la troupe ; mais de la foule des Allemands accourus pour nous voir passer, aucune parole malveillante ne nous fut adressée. Nous avions mis, pour franchir la distance de Metz à Mayence environ quatre fois le temps normal, le mécanicien prussien qui conduisait le train avait certainement reçu l'ordre de lui faire prendre l'allure du train brouette ; mais ce n'était ni le lieu ni l'heure de formuler des réclamations.

Comme les Prussiens ne devaient légalement ne nous prendre en charge qu'à Mayence, aucune distribution de vivres ne nous avait été faite, mais nous étions parfaitement libres de nous procurer tout ce dont nous avions besoin, aux gares d'arrêt. À la descente du train, chacun partait à sa guise, et comme les hôtels étaient bondés, nous fûmes très heureux, Bouniol et moi, de trouver, dans l'un d'eux, un coin d'écurie où passer le reste de la nuit.

Le lendemain, à la première heure, je mis à profit la liberté qui nous était laissée de circuler en ville, et je m'enquis autant que je le pus de la façon dont étaient traités les prisonniers. Mais grave embarras, je ne parlais pas l'allemand et j'étais forcé de m'expliquer par gestes avec les tudesques auxquels je m'adressais. Il va sans dire que ces conversations mimées ne m'étaient pas d'un grand secours. Pour pallier cet inconvénient, j'achetai un petit manuel franco-allemand, et dès lors, je pus facilement obtenir les renseignements que je voulais.

Un premier désappointement m'attendait. Je devais retrouver à Mayence le colonel d'Andlau qui était parti de Metz le premier jour de l'évacuation, avec quelques-uns de nos officiers. Mais ces messieurs ayant dû quitter la ville le jour même de leur arrivée, je ne sus que plus tard qu'ils avaient été dirigés sur Hambourg. L'ordonnance du colonel avait dû rester à Mayence avec ses deux chevaux.

Le brave garçon était fort embarrassé, car il n'avait pas d'argent. Pour se tirer d'affaire, il dut vendre l'un des chevaux pour suffire à sa subsistance personnelle et à celle de l'autre cheval. Ces premiers ennuis étaient de mauvais augure et, de nouveau, Jérémie Bouniol, dont l'énergie était à bout, poussait des lamentations à fendre l'âme. Ce n'était pourtant pas le moment, car nous devions, au contraire, faire appel à tout notre courage, pour tâcher de nous tirer d'affaire.

Je considérais comme primordial de nous trouver un emploi quelconque, et ce fut de ce côté que je dirigeai mes recherches. J'examinai donc l'un après l'autre les principaux hôtels de la ville, jugeant par leur apparence extérieure de leur importance et si je devais m'y adresser. Je me décidai à entrer à l'hôtel d'Angleterre. La première personne qui se présenta à moi fut une jeune et charmante femme de chambre. Lui demandant si elle parlait français, quel ne fut pas mon étonnement de l'entendre me répondre : « Hélas oui, je parle français, je suis Parisienne, née rue d'Hauteville, où mes parents sont concierges ». Tout heureux de rencontrer une compatriote, je m'enquis auprès d'elle de ce que je cherchais à connaître, et elle me fournit tous les renseignements que je désirais sur

Mayence, ses environs et aussi sur Wiesbaden où je savais internés de nombreux officiers français.

Nous causâmes du pays, des tristes événements qui se succédaient ; mais je dus, à mon grand regret, prendre congé de cette aimable personne. Cette rencontre aussi heureuse qu'inattendue m'avait rendu les idées moins noires et, sans plus tarder, je continuai mes recherches. Dans la « Ludovic Strasse » je m'arrêtai devant une superbe boutique de pâtisserie. Un simple examen de la marchandise exposée me démontra que la maison était sérieuse et j'entrai sans hésiter. Le patron pâtissier me reçut d'une façon qui ne pouvait me laisser aucun doute : il n'avait pas de sympathie pour les Français. Cependant, il me répondit qu'il pourrait peut-être m'occuper.

Comme je tenais avant tout à caser Bouniol, comptant me débrouiller pour mon propre compte, le lendemain je le conduisis chez mon pâtissier, les conventions entre les deux parties furent vite décidées. Ce n'était pas le moment de se montrer trop exigeant. Mais dans toutes ces pérégrinations, nous avions totalement oublié que nous n'étions pas libres, mais au contraire prisonniers de guerre, soumis au règlement général, et comme tels, il nous fallait l'autorisation du gouverneur pour travailler en ville. C'était finir par où nous aurions dû commencer. La preuve ne fut pas longue à venir. Nous pensions obtenir facilement cette autorisation en nous présentant à la place. Mais là... déception amère ; la réponse à notre requête fut sans ambiguïté : nous fûmes reconduits à la forteresse.

La « cantine » allemande

Ce fut donc entre deux grands diables de Prussiens, coiffés du casque à pointe et au port d'armes, que nous traversâmes la ville et fûmes reconduits à la citadelle. Dans cette demeure peu hospitalière, nous trouvâmes environ 250 prisonniers, des isolés comme nous, venus d'un peu partout et appartenant à toutes les armes. Il y avait aussi deux escadrons de dragons mais régulièrement internés.

Que dire de la cantine allemande, installée dans l'un des bâtiments de la forteresse, sinon que son installation était la même que les nôtres. On y faisait une énorme consommation de saucisses, on s'abreuvait abondamment de bière... quand on avait de l'argent en poche, naturellement. Ceci se passait le vendredi soir. On nous assigna comme dortoir une immense chambre, située sous les toits de la caserne, où nous trouvâmes quelques paillasses, mais aucune couverture. Par le froid qu'il faisait, ce fut pour nous une nuit atroce. Le lendemain, la journée se passa à errer dans les cours, à échanger nos réflexions et à nous raconter par quels chemins nous étions venus échouer dans cette galère...

Ce jour-là, notre ordinaire fut d'une frugalité extraordinaire. Comme il nous fallait ménager nos fonds en prévision de l'avenir, nous nous contentâmes de vingt centimes de pain et d'autant de saucisson. Une boîte de sardines retrouvée dans mon sac compléta nos provisions, le tout arrosé d'un verre d'excellent Château-Lapompe. L'autorité allemande fit preuve d'une véritable incurie à notre endroit ; pendant trois jours, aucune distribution ne fut faite aux 250 prisonniers enfermés dans la citadelle. Si les dragons n'avaient pas partagé avec eux leur maigre ration, ils seraient morts de faim.

La nuit du samedi au dimanche se passa dans les mêmes déplorables conditions. Enfin, le dimanche matin, une sonnerie de trompette réunit dans la cour les dragons pour être conduits à la messe. Comme nous les entourions, l'officier de service demanda ce que nous faisions là. Au même instant, un soldat, se détachant du groupe des isolés, s'avança vers l'officier et, l'ayant salué militairement, lui tint ce langage : « Mon officier, vous demandez ce que nous faisons là ?... Ce serait plutôt à nous à vous le demander, car voilà plusieurs jours que nous sommes ici complètement abandonnés et sans avoir reçu aucune nourriture. Je ne crois pas que l'on veuille nous faire mourir de faim ; mais si cela était, il serait plus humain de nous faire fusiller immédiatement. »

L'officier parlait très bien le français, et ce fier langage d'un soldat l'interloqua... Nous avions fort heureusement affaire à un homme de cœur, car il appela immédiatement un sous-officier et lui donna des ordres. À deux heures de l'après-midi, on nous formait en détachement pour nous conduire au camp des prisonniers situé sur le plateau de Mayence, entre les forts et les remparts de la ville. Ce fut alors qu'en rentrant au camp je rencontrai le caporal-tambour du 1er turcos, celui-là même qui, en franchissant la porte de la caserne Bonaparte disait à ses tapins (tapin terme familier — celui qui bat du tambour) : « Regardez bien cette porte, peut-être ne la reverrez-vous pas ».

Sans le connaître autrement, je m'avançai vers lui et comme entre militaires, en exil surtout les présentations sont vite faites, je lui rappelai le départ de son régiment auquel j'avais assisté. Comme il se rendait justement en ville où il était employé, je le priai de vouloir bien remettre au pâtissier « Ludovic-Strasse », un mot où je lui expliquai brièvement pour quels motifs nous n'étions pas retournés le voir, le priant en même temps d'adresser lui-même une demande au gouverneur.

Ce qu'il fit aussitôt. La réponse ne se fit pas attendre ; trois jours après, Bouniol quittait le camp pour entrer chez ce pâtissier, où il fut employé à la fabrication du « pain d'épices ». J'ai déjà dit de ce pâtissier que nous ne lui étions pas sympathiques, il nous traitait volontiers de « cochons de Français » ; mais il est bon de préciser qu'il n'était pas de Mayence dont les habitants étaient particulièrement bienveillants envers les prisonniers. Par contre, sa femme était une personne très affable et charmante qui s'ingéniait à faire oublier sa grossièreté et sa brutalité.

Les habitants de Mayence, je ne saurais trop le répéter[22], faisaient tout leur possible pour adoucir notre sort et lorsque le dimanche on nous conduisait à la messe, ils faisaient aux prisonniers d'amples distributions d'argent, de chaussettes et de tricots. Encore devaient-ils le faire prudemment sous peine de récolter des coups de crosse de fusil des soldats de l'escorte.

*

Bouniol enfin casé, je me trouvai seul au camp, où je pus faire, tout à mon aise, des études sur la variété des menus qui nous étaient servis, surtout sur la qualité du pain qui nous était distribué et qui n'était mangeable que quinze jours après sa cuisson. Aussi chaque pain portait-il la date du jour de sa fabrication.

L'ordinaire des prisonniers se composait d'un seul repas comportant un jour de la soupe et du bœuf, le lendemain du vieux jambon et du lard rance accompagné de lentilles, pois cassés, ou haricots, le tout apprêté sans aucun soin ni propreté ; il n'était pas rare de trouver de gros vers blancs dans cet affreux rata. Quant aux légumes secs, comme on épuisait pour nous tous les vieux fonds de boutiques de Mayence et que, bien entendu, on se dispensait du soin pourtant bien élémentaire de les faire tremper, ils n'étaient jamais cuits, les lentilles surtout... Et il a très bien pu se faire que les propriétaires des champs environnant le camp se soient trouvés au printemps suivant, en présence d'une splendide végétation de lentilles venue... on doit se douter d'où.

La soupe se composait ordinairement de pommes de terre, riz ou orge. Elle était passable les premiers jours de la semaine, mais lorsque venait le vendredi, il fallait une terrible fringale pour se décider à la manger et voici pourquoi : la pomme de terre étant le légume le plus généralement employé, il en fallait une énorme quantité, tous les jours, il y avait une corvée de quatre-vingts prisonniers chargés d'éplucher la provision du jour. Ces pommes de terre étaient jetées au fur et à mesure dans de grands foudres à bière et là s'arrêtait la besogne des prisonniers. De leur côté, les Prussiens chargés de la popote se contentaient, en les recevant, de jeter quelques seaux d'eau dessus. Et ce, pour une quantité de 5 à 600 kilos de pommes de terre... On peut juger comme elles étaient bien lavées ! Si encore elles eussent été employées quotidiennement, il n'y aurait eu, propreté à part, que demi-mal ; mais les premiers jours de la semaine, on prenait toujours le dessus des foudres, de sorte que, lorsqu'arrivait le vendredi, et surtout le samedi, jour de grand nettoyage, la soupe s'enrichissait des pommes de terre du fond de la cuve, complètement gâtées par l'eau croupie[23].

Cependant on ne songeait pas à se plaindre, car les quelques nouvelles qui nous arrivaient de France nous donnaient d'assez tristes préoccupations. Ceux qui avaient quelque argent pouvaient facilement se tirer d'affaire, mais ceux dont «les doublures se touchaient» et qui ne pouvaient compter que sur l'ordinaire du camp eurent terriblement à souffrir. Surtout à ce moment, où il fallait un grand mois pour recevoir des nouvelles de France.

La distribution de la soupe se faisait toutes les heures, depuis huit heures et demie du matin, jusqu'à huit et quelquefois neuf heures du soir. Elle commençait par la droite du camp et se faisait par compagnies. À ce train, nous ne recevions que toutes les 24 heures cette pâtée amenée de la ville dans des tonneaux chargés sur une charrette semblable à celles qui passent chaque matin devant les restaurants de Paris pour l'enlèvement des eaux grasses.

Une chose à laquelle je ne pus rien comprendre, mais dont je constatai l'inanité, était le changement dans la distribution qui se faisait tous les huit jours, de droite à gauche. Alors il arrivait que les compagnies de droite, qui avaient reçu leur soupe le matin, à huit heures et demie, n'étaient admises à la distribution que le lendemain à neuf heures du soir, soit au bout de trente-six heures.

On concevra facilement par quelles tortures matérielles les hommes devaient passer. J'assistai, un soir, à l'une de ces distributions à laquelle participait ma compagnie qui, par le changement indiqué de droite à gauche, attendait depuis trente-six heures. La sonnerie indiquant l'arrivée de la charrette se fit entendre et les hommes affamés se précipitèrent au-devant d'elle. Il tombait depuis la veille une pluie fine et glacée qui avait défoncé les chemins et encore retardé son arrivée. Aussi lorsqu'elle fut arrêtée à l'endroit indiqué pour la distribution, les soldats armés qui l'entouraient eurent toutes les peines du monde à empêcher les prisonniers de la prendre d'assaut. Les plus affamés poussaient de véritables hurlements et, la distribution terminée, je vis ces hommes, non rassasiés, se précipiter sur les tonneaux vides, pour en gratter les parois avec leurs mains et avaler goulûment les quelques vestiges qu'ils pouvaient recueillir. En ce coin de camp, éclairé seulement par quelques torches fumeuses, c'était une scène indescriptible et tellement sinistre que rien ne saurait me la faire oublier. Comment de telles privations, jointes aux souffrances déjà endurées dans Metz, et aux fatigues de la campagne, n'auraient-elles pas fait des victimes dans les rangs des prisonniers ?... Pour combien de ces malheureux échappés aux tueries de Gravelotte, de Saint-Privat et de Servigny, les Prussiens eussent pu inscrire à l'entrée de ces nouveaux enfers « Vous qui entrez ici, perdez toute espérance[24] ! »

Les souffrances des prisonniers

Lorsque, un peu plus tard, les prisonniers se furent procuré quelques ressources, ils purent améliorer sensiblement ce pitoyable ordinaire. En outre, beaucoup s'ingénièrent à trouver quelques occupations. Les tailleurs surtout ne chômèrent pas, parce que tous ceux des prisonniers qui avaient conservé leur couvre-pieds s'en firent faire des vestons qui les garantissaient un peu mieux du froid que leurs minables défroques.

Ceux qui travaillaient en ville, munis d'une permission, ainsi que les ordonnances d'officiers, pouvaient circuler librement. Ils devaient seulement se rendre à des appels à heures fixes deux ou trois fois par semaine. En plus, aucun d'eux ne devait être trouvé en ville après sept heures du soir. Tout travailleur ou ordonnance, pris hors du camp après cette heure y était ramené et encourait non seulement le risque d'une punition, mais encore de se voir retirer sa permission.

D'autres prisonniers, animés de l'esprit de trafic, faisaient acheter hors du camp des alcools, qu'ils revendaient sous l'appellation de «goutte du matin». Des jeux de hasard étaient installés sur plusieurs points du camp. On pouvait y risquer quelques sous sur la «rouge et la noire». On pouvait également se faire du café et des ragoûts avec des pommes de terre que les hommes de corvée rapportaient en cachette. Mais il fallait pour cela de ces ruses d'apaches que les troupiers seuls peuvent concevoir.

On se procurait, par exemple, un manteau dont l'extrémité des manches étaient cousues, puis on remplissait les manches de Pommes de terre et, le manteau jeté sur les épaules de l'un des hommes, il était facile, la nuit aidant, de dissimuler ces larcins. Comme l'appétit vient en mangeant, les prisonniers imaginèrent encore d'autres stratagèmes, de sorte qu'il n'était pas rare que nous ayons une provision de 300 kilos de pommes de terre, Malheureusement, un jour la mèche fut éventée, et dès lors les hommes furent fouillés. Les ratas de pommes de terre avaient vécu, mais l'esprit imaginatif des soldats sut trouver autre chose par la suite.

*

J'ignore si, comme l'ont raconté quelques prisonniers internés en d'autres points de l'Allemagne, les sonneries qui les appelaient étaient françaises et sonnées par des clairons français ; mais ce dont je suis certain, c'est qu'au camp de Mayence, ces sonneries étaient faites par les Allemands, au moyen d'une corne dont les sons rauques n'avaient rien de militaire.

D'après les règlements internationaux concernant les prisonniers, ceux-ci doivent être employés, pendant un temps déterminé, à des travaux ou exercices autant pour le moral que pour l'hygiène. Or, pendant mon séjour au camp, nous fûmes principalement employés à décharger sur le Rhin des bateaux de planches, que nous reportions sur des chariots, lesquels étaient traînés par nous jusqu'au camp. Il n'était pas rare de voir de 40 à 50 soldats attelés à chaque chariot, tant la montée qui y conduisait était raide.

Ces planches devaient servir à construire les baraques destinées à remplacer les tentes où nous logeâmes, par groupes de dix-huit à vingt hommes, jusqu'au 20 novembre. Nous aidions les ouvriers du génie allemand à les construire. L'eau manquant dans le camp, nous devions nous alimenter dans un petit village situé à six cents mètres de là. Pour cela des corvées étaient commandées et les marchands «de goutte», déjà signalés, en profitaient pour renouveler leur provision d'alcools.

Il y avait, sur le chemin de ronde qui monte de la ville au camp, une pompe qui nous fournissait également de l'eau. Tous les jours, matin et soir, quatre hommes étaient commandés pour la manœuvrer et il arrivait souvent qu'il faille passer une demi-heure à la dégeler avant de pouvoir la mettre en mouvement.

Un jour je fus commandé pour cette corvée avec deux de mes camarades de chambre; l'un d'eux, un nommé Lecoq, natif d'Auch, garçon très intelligent et que j'affectionnais beaucoup, m'y raconta comment un hasard providentiel l'avait sauvé du peloton d'exécution : Il s'était engagé, au début de la guerre, dans une compagnie de francs-tireurs et un jour, surpris et cerné par les Prussiens, ils se barricadèrent dans une ferme. Leur réserve de cartouches épuisée, ils durent se résigner à cesser le combat et à se rendre, en sachant parfaitement qu'il ne leur serait pas fait de quartier. Ils étaient là, une vingtaine, commandés par leur capitaine, aussi brave que diabolique. Celui-ci, ayant constaté qu'il n'y avait aucune chance de s'évader, les fit sortir et placer sur deux rangs, l'arme au pied. Les Prussiens les désarmèrent aussitôt, et allaient procéder à une exécution en masse, lorsque vint à passer un général allemand qui, reconnaissant le capitaine avec lequel il avait, l'été précédent, entretenu à Biarritz d'amicales relations, intervint en leur faveur et put obtenir du haut commandement que ces francs-tireurs soient seulement envoyés en captivité.

Tout en nous racontant nos misères réciproques, les deux heures de corvée s'écoulaient. En rentrant au camp, à onze heures, nous fûmes étonnés de trouver tous les prisonniers sur les rangs. Je m'enquis du motif de cette parade inusitée, et j'appris que l'on attendait la visite de la princesse Frédéric-Charles. L'auguste visiteuse ne songeait pas à tout cela, car sa visite, annoncée pour onze heures, n'eut lieu qu'à une heure et demie. Les sous-officiers allemands étaient d'ailleurs d'une brutalité révoltante, même vis-à-vis de leurs propres soldats. Mais si ceux-ci se laissaient maltraiter, c'est qu'ils le voulaient bien ; tandis que nous, prisonniers, nous étions contraints de tout subir sans protester.

Je vis un jour un de nos soldats du génie qui, poitrinaire au dernier degré et pouvant à peine se soutenir, mit quelque retard à arriver sur les rangs... Le sous-officier qui nous commandait se précipita sur lui avec une telle violence que le pauvre soldat tomba pour ne plus se relever, ayant à peine la force d'ouvrir les yeux pour reprocher à ce misérable un aussi lâche abus de sa force.

J'ai dit plus haut que notre camp se trouvait situé sur la hauteur de Mayence. En face, sur un coteau séparé par un ravin, se trouvait le cimetière. Chaque matin nous pouvions compter combien des nôtres ne reverraient pas le sol natal en comptant les salves de mousqueterie qui saluaient chaque corps mis en terre. Ce camp était disposé entre l'enceinte fortifiée et un fort avancé. Des pièces de canon étaient braquées des deux côtés et, en cas de rébellion, nous aurions été mitraillés en quelques instants.

Ces précautions avaient été prises à la suite de différentes rumeurs qui avaient circulé. Garibaldi aurait formé le plan de venir délivrer les prisonniers français, de leur fournir des armes, et, avec leur concours, de se rendre maître des places fortes allemandes. Nous étions parfaitement au courant de ces bruits, sans, savoir exactement jusqu'à quel point il fallait leur ajouter créance ; mais l'idée était bonne et elle avait eu certainement des chances de réussir.

Un jour où j'étais de corvée de pompe, j'eus, en rentrant, une bien agréable surprise. Deux visiteurs : Mr Yung et Traut, directeurs du Kursaal de Wiesbaden, à qui j'avais écrit peu de jours auparavant, m'y attendaient, munis d'une autorisation en règle, pour m'emmener travailler chez eux.

Pourtant, à l'époque ils n'avaient nul besoin de cuisinier. Mais Alsaciens et Français, ils cherchaient et saisissaient tous les moyens de se rendre utiles aux prisonniers français. J'ai contracté, vis-à-vis de ces deux hommes généreux et patriotes, une dette de profonde reconnaissance qu'en toute occasion je leur ai manifestée.

Un lugubre « feu de joie »

Les cuisiniers français d'avant 1870 connaissaient bien Wiesbaden, ville d'eau bien fréquentée. Le Kursaal était un établissement de grande importance, très bien installé, et, en été, un séjour de quelques mois dans ce pays ne manquait pas de charme ; il y avait un grand parc au milieu duquel se trouvait une pièce d'eau qui servait l'hiver aux ébats des patineurs. Lorsque j'y arrivai, les cuisines étaient dirigées par M. Desjardins, un Français[25] que son âge dispensait du service militaire. Il avait comme rôtisseur un nommé Pierre que son âge mettait également hors d'atteinte. Ce dernier revint avec moi, en France, au mois de mars et après avoir occupé plusieurs places de chef, il termina sa carrière au restaurant Grosse-Tête où il mourut. Il y avait aussi comme saucier un nommé Richard qui vint plus tard à Londres et Léger, un jeune homme de 18 ans qui quitta la maison pour aller s'engager dans l'armée du Nord où il fut blessé à la figure. Par une coïncidence curieuse, le hasard voulut que, après les événements de la Commune, ce Léger se trouvât avec moi, pour la réouverture du Moulin-Rouge.

Il y avait à peine une dizaine de jours que j'étais à Wiesbaden lorsqu'y arrivèrent le Maréchal de Mac-Mahon et son État-Major. Le Maréchal, qui avait avec lui sa famille et son chef de Cuisine Jules Servi, s'installa dans une villa

située dans Sonnenberg-Strasse (ou Montagne du Soleil).
M. Traut fut prié de procurer un chef de cuisine à l'État-Major et c'est moi qui fus proposé et agréé. C'est à cette circonstance que je dus d'avoir été, pendant la guerre de 1870, chef de cuisine des deux grands États-Majors de l'armée.

Un peu plus tard, arrivèrent le général de Gallifet et le Comte de Beaumont, beau-frère du maréchal et ils s'adressèrent au Kursaal pour avoir un cuisinier.

Je m'empressai de proposer et de faire venir Bouniol qui commençait à prendre des cheveux blancs dans la fabrication du pain d'épices. Ce fut une grande joie de nous retrouver ensemble, à l'abri désormais des invectives des sous-officiers allemands et loin de ce camp de misère où tant de nos camarades se morfondaient encore.

Les officiers d'État-Major dont j'étais le Chef de cuisine, étaient logés dans une villa située à une centaine de mètres de celle du Maréchal, dans la même rue, mais du côté opposé. Cette rue partait du Kursaal et s'en allait en direction du Sonneberg-Strasse en dehors de la ville, De ce point culminant, j'assistai un jour à une manifestation dont nul historien n'a fait mention.

*

Lorsque furent connues en Allemagne tes conditions préliminaires du Traité de Paix, ce fut pour tout le pays un immense soulagement. C'est que, malgré la persistance des bulletins victorieux, ce peuple redoutait un revirement soudain de la fortune. Le souvenir de Napoléon Ier demeurait ineffaçable au fond de tous les cœurs germains et, jusqu'au dernier moment, on avait gardé je ne sais quelle appréhension que put seule dissiper l'annonce d'une paix glorieuse. Les Allemands, qui venaient d'apprendre enfin la nouvelle du traité de Paix, ne savaient de quelle façon exprimer leur joie débordante ; jamais leur orgueil n'avait été aussi bruyant !... Ils avaient vaincu le petit-neveu du grand Empereur! Et cette victoire, dont ils doutaient encore la veille, les enivrait littéralement.

Ils résolurent d'allumer un immense feu de joie. La municipalité fit publier un appel à la population priant tous les habitants de Wiesbaden, détenteurs de vieux bois, de l'apporter. Un énorme bûcher fut rapidement dressé. Le soir convenu, vers huit heures, tous les habitants de Wiesbaden se rendirent en foule dans la Sonneberg-Strasse pour mieux jouir du magnifique spectacle d'un feu de joie.

La foule sans cesse accrue, les yeux fixés vers le bûcher, attendait impatiemment l'apparition des flammes purificatrices... Or, tout ce que cette foule put apercevoir, ce fut une quantité d'hommes armés de torches, s'agitant désespérément autour du bûcher improvisé, cherchant vainement à y mettre le feu. Mais on ne sait par quel, miracle — ou plutôt par quelle fatalité!... pas la moindre étincelle ne jaillit à travers l'épaisse fumée qui se dégageait de ce monceau de bois... Les hommes eurent beau répandre du pétrole sur ces bûches récalcitrantes, la fumée n'en devint que plus noire et plus intense. Ce fut un désappointement général.

La foule se dispersa peu à peu. Le fait avait cependant une cause assez naturelle : les habitants de Wiesbaden, conviés à fournir le bois qui devait constituer le bûcher, s'étaient bien gardés de sacrifier leur meilleur bois de chauffage. Chacun s'était dit que, dans une pareille fournaise, tout brûlerait comme de la paille. Si bien qu'en fin de compte, le bûcher se composait uniquement de vieux bois hors d'usage qui, s'étant imprégné d'humidité en séjournant longtemps dans les caves, était à peu près incombustible. La coïncidence n'en avait pas moins quelque chose de surnaturel, le hasard n'aurait pas abouti à un tel résultat. Je demeurai longtemps pensif à mon poste d'observation, éprouvant, comme tous les amis qui m'entouraient, un immense soulagement après les tristesses qui nous accablaient depuis des mois.

La fin de la guerre et le retour

À la villa de l'État-Major j'étais assez bien installé et les provisions étaient en abondance, autant par la qualité que la variété. J'aurais pu faire de la belle cuisine, mais étant donné la situation, ces Messieurs avaient tenu à adopter un ordinaire bourgeois très simple. Le déjeuner se composait de :

Un plat d'œufs ou de poisson
Un plat de viande
Légumes
Un entremets ou dessert
Café

Le dîner comportait généralement :

Un potage
Poisson quelconque
Grosse pièce de bœuf ou de mouton rôtie
Salade
Légumes
Entremets et Dessert
Café

Quand je ne servais pas de poisson, je le remplaçais par un rôti de volaille ou de gibier, après la grosse pièce. Les chevreuils, lièvres, perdrix, bécasses, gélinottes, étaient en abondance et, sans la décision bien arrêtée de mes officiers, j'aurais pu facilement varier et étendre mon travail.

Je dois à la vérité de dire que notre séjour dans ce pays n'aurait pas été trop désagréable sans les tristes circonstances qui nous y avaient amenés. Comme à Mayence, si les habitants ne nous donnèrent pas des marques de sympathie exagérée, ils s'ingénièrent au moins à ne pas trop nous faire sentir comment nous étions devenus leurs hôtes. Jamais, pendant mon séjour à Wiesbaden, je n'eus à constater la moindre allusion blessante à notre endroit et les militaires eux-mêmes surent observer vis-à-vis de nous les règles de la courtoisie. Il est vrai que, si les sous-officiers allemands s'étaient montrés aussi brutaux que leurs collègues du camp de Mayence, nos officiers se seraient empressés de prendre la défense de leurs soldats. Parmi les multiples souvenirs de la funeste guerre de 1870 qui sont restés en ma mémoire, il en est un que je ne puis m'empêcher d'évoquer chaque année aux approches de la Noël.

Cette fête-là fut célébrée bien tristement, pendant l'Année Terrible, le sang coulait encore aux portes de Paris et les milliers de prisonniers français, qui se morfondaient dans divers camps d'Allemagne, pensaient avec douleur à leurs parents, à leurs amis, beaucoup à leurs fiancées qu'ils avaient laissées au pays et que, peut-être, ils ne reverraient jamais plus ! Mais revenons à ces souvenirs déjà lointains dont je parlais tout à l'heure.

En cette année 1870, à la veille de Noël, j'étais depuis quelques semaines à Wiesbaden, comme chef de cuisine de l'État-Major du Maréchal de Mac-Mahon, ma situation était relativement bonne, en comparaison de celle des autres prisonniers de guerre que j'avais laissés au Camp de Mayence. Je pensais à eux, surtout aux quelques bons amis que je savais réduits à la simple gamelle de lentilles, de haricots ou de pommes de terre augmentée d'un maigre lambeau de bœuf ou de lard.

L'idée me vint subitement d'aller passer avec eux cette nuit de Noël en leur apportant quelques menues douceurs. J'obtins facilement la permission de me rendre jusqu'à leur camp. J'arrivai à Mayence vers 5 h 30 de l'après-midi, muni d'une provision de bonnes victuailles et de quelques bouteilles de vin qui n'était évidemment ni du Bourgogne ni du Champagne, mais qui était pourtant d'origine sincère et d'assez bonne qualité.

Autant qu'il m'en souvient, il n'y a que quelques kilomètres de Wiesbaden à Mayence. Pendant le trajet, je songeais à la joie que mon arrivée inattendue allait causer à mes amis. Ce fut du délire. Jamais je n'oublierai l'enthousiasme avec lequel ils m'accueillirent. Tous en même temps me demandaient des nouvelles, comme s'ils se figuraient que j'arrivais directement de leurs villages.

Ce ne fut qu'après un long moment qu'ils songèrent aux provisions apportées. Le couvert fut vite mis ; ni table ni chaises bien entendu. On disposa les mets sur un lit de camp autour duquel chacun s'assit sur ses talons. Une chandelle plantée à la tête du lit éclairait cette petite scène et le dîner fut trouvé en tous points excellent.

Ce modeste repas, qui, en d'autres circonstances aurait été empreint de la plus franche gaieté, fut, cependant, on le comprendra, un peu mélancolique. La plaie faite au cœur de la Patrie était trop béante et profonde pour qu'il en fût autrement. Unis dans un même sentiment, nous levâmes nos verres à la santé de nos familles, et à ceux de nos camarades qui, face à l'ennemi, continuaient à défendre l'honneur de la France.

Nous bûmes aussi à la gloire des vaincus que la fatalité avait conduits désarmés sur la terre ennemie. Pendant que nous fêtions tristement cette veille de Noël, d'autres, plus malheureux, couraient par une nuit noire, à la lueur des torches et sous une pluie glaciale à l'appel de la sonnerie habituelle chercher leur maigre soupe, attendue depuis la veille à la même heure. Tristes souvenirs, spectacle navrant que l'on ne peut oublier.

Il était 9 h 30 quand je quittai, bien à regret, mes malheureux camarades; car il me semblait que mon devoir eût été de passer au milieu d'eux, dans la tristesse du camp, toute cette nuit de Noël, si douce et si mélancolique à la fois.

*

Le 14 mars 1871, après la signature du Traité de Paix préliminaire, les officiers français internés à Wiesbaden furent libres de rentrer en France ainsi que les soldats de la garde mobile. Seuls, les soldats de l'armée régulière devaient attendre une nouvelle décision. Comme j'étais de ce nombre, le général de Gallifet demanda, pour moi, l'autorisation de partir et on la lui accorda avec un laissez-passer, à mon nom, pour Paris, à la condition que les frais de voyage soient à ma charge, ce qui m'importait peu.

Dès le reçu de mon autorisation, je me rendis à la gare prendre mon billet pour Metz, et plus joyeux que quatre mois auparavant lorsque je faisais le voyage en sens inverse; car cette fois, c'était vers la France que je me dirigeais, et la liberté, avec ses horizons sans limites, m'était enfin rendue. Pierre, le rôtisseur du Kursaal, m'accompagnait.

Après avoir été présenter mes salutations à la famille Beaubourg, et à quelques amis de la ville, nous reprîmes, Pierre et moi, le train se dirigeant sur Paris.

Ce train n'allait que jusqu'à Épernay, où nous arrivâmes à minuit. Le service de la gare y était complètement désorganisé, c'étaient les soldats prussiens qui faisaient le transport des bagages aux hôtels. Je n'avais pas à me soucier de ce détail, mon bagage n'étant pas encombrant. Mais Pierre n'était pas dans ce cas et, comme il était prudent de les conserver avec soin, un soldat prussien les apporta à l'hôtel où nous descendions.

Nous y passâmes la nuit, après un bon souper dont nous avions grand besoin et le lendemain, à la première heure, nous reprenions le train qui nous amena à Pantin, point terminus du moment. Il est évident que ces trains, conduits par les Prussiens, ne pouvaient entrer dans Paris.

Les cochers profitaient de cette circonstance pour ramener les voyageurs de Pantin à Paris, à des prix exorbitants. L'un d'eux, auquel je m'adressai, nous demanda sans sourciller 40 francs pour ce court voyage. Notre situation ne nous permettant pas une aussi forte dépense, nous prîmes le parti de faire la route à pied. Pour ma part, après les étapes que j'avais fait pendant la guerre, ces quelques kilomètres ne pouvaient m'effrayer et mon désir de revoir Paris était plus grand que la crainte de la fatigue. Pierre assura donc le transport de ses bagages pour 5 francs et nous nous mîmes en route, malgré un temps affreux. Ce jour-là, 16 mars 1871, les giboulées tombaient sans interruption et un vent glacial cinglait les visages.

Parvenus au Pont-de-Flandre, nous aperçûmes, derrière nous, des cochers revenant de Pantin sans voyageurs naturellement, et, parmi, eux, l'aimable homme qui nous avait demandé 40 francs pour nous ramener à Paris. Nous tenions notre vengeance ; sans lui adresser la parole, nous montâmes dans la voiture et, une fois installés, nous nous fîmes conduire aux Champs-Élysées. Puis nous lui réglâmes généreusement sa course, au prix réglementaire.

Arrivés là, Pierre me quitta et je rentrai chez moi, d'où, sans prendre aucun repos, après avoir seulement remis un peu d'ordre dans ma toilette, je redescendis pour me mettre à la recherche de quelques vieux amis que j'avais hâte de revoir. Je découvrais, un peu partout, des traces de la guerre et une morne tristesse. Cependant on sentait que le peuple parisien avait hâte de reprendre sa vie accoutumée pour sortir enfin de ce long cauchemar... Vain espoir ! Le 18 mars, l'affaire des canons de Montmartre bouleversait à nouveau la ville, Ces canons, fondus pendant le siège, à l'aide de souscriptions publiques, avaient été emmenés du Cours-la-Reine aux Buttes-Montmartre, par les bataillons de la Garde Nationale. Sentant tout le danger qu'il y 'avait à laisser cette artillerie (environ 200 canons ou mitrailleuses) entre les mains de la Garde Nationale, le gouvernement avait donné l'ordre formel de les reprendre le lendemain à la première heure.

C'était une compagnie de la Garde de Paris, conduite par des officiers d'artillerie de la caserne de la Pépinière, qui avait été chargée de cette mission, dont elle ne put s'acquitter faute d'attelage pour emmener les pièces.

Un de mes amis, Bouillane de Saint-Martin, qui faisait partie de cette compagnie, fut détenu par les fédérés avec nombre d'autres soldats. Quelques-uns furent fusillés ; d'autres, oubliés en prison, ne recouvrèrent leur liberté qu'à l'entrée dans Paris de l'armée régulière. Parmi ces derniers, il y en eut qui devinrent fous.

Mon ami Saint-Martin se maria à la fin de la Commune et mourut peu de temps après, laissant une fille et un garçon, qu'en souvenir de son père je pris avec moi, du garçon j'ai fait un cuisinier.

De cette journée néfaste, où l'on vit les troupes régulières pactiser avec les émeutiers (entre autres le 3e bataillon de chasseurs et le 88e de marche), et assassiner deux généraux, apparurent les premiers présages du mouvement d'où allait naître la Commune et qui allait obliger les soldats prisonniers, venant d'Allemagne, à reprendre de nouveau les armes pour combattre, non plus l'étranger envahisseur, mais cette fois les Français perturbateurs de l'ordre et organisateurs de la formidable insurrection qui pendant deux mois terrorisa Paris, et dont le dernier acte eut pour théâtre le cimetière du Père-Lachaise.

Bouniol, retenu par son service, n'avait pu partir avec moi, il venait de me rejoindre. Ensemble, nous suivîmes de près les premiers événements de la Commune.

Le 6 avril, d'immenses affiches émanant du Comité Central furent placardées sur les murs. Elles annonçaient que tous les hommes valides de 18 à 40 ans devaient prendre les armes pour la défense de la Commune. Comme mes idées personnelles ne me permettaient pas de me faire soldat de l'insurrection, et que ma situation m'obligeait, au contraire, à rejoindre au plus vite l'armée régulière, je pris mes dispositions pour quitter Paris. Il n'était que temps, car des mesures allaient être prises pour empêcher tout départ, sauf pour les étrangers munis de passeports. Aussi, sans plus attendre, je courus à la gare Saint-Lazare que je trouvai occupée. Immédiatement je montai à la gare du Nord où je fus assez heureux pour prendre le dernier train qui sortait librement de Paris.

Après un grand détour, je me rendis à Versailles, au quartier général, et j'entrai aux cuisines du Maréchal Mac-Mahon, sous les ordres de Jules Servi, d'où j'attendis la fin des opérations contre la Commune.

*

Après la prise de Paris par les troupes de Versailles, le quartier général fut transféré au Ministère des Affaires Étrangères, ainsi que toute la maison du Maréchal à laquelle je restai attaché jusqu'au 14 août. Ce fut pendant ce temps que, ayant pu disposer de quelques jours, j'avais fait la réouverture du restaurant du Petit Moulin Rouge.

Le 15 août, je fus incorporé au 17e Régiment provisoire qui occupait la Banque et le Louvre. Ce régiment était commandé par le Colonel Comte de Waldner, devenu général par la suite, chez lequel je rentrai bientôt comme chef de cuisine.

Au printemps suivant, le régiment quitta Paris pour le camp de Villeneuve l'Étang. Le colonel s'installa à Ville d'Avray, près de la Porte-Blanche. C'est là que, vivant en pleine campagne, j'employais mes loisirs à étudier l'art de reproduire en cire les fleurs naturelles[26]. Je passai ainsi quatorze mois, très agréablement, jouissant de l'estime et de la sympathie du colonel et de sa famille. Ce temps fait époque dans ma vie, car le comte et la comtesse Waldner s'intéressaient à mes travaux et je reçus d'eux de précieux encouragements. Mais cette vie calme ne pouvait me convenir plus longtemps. J'avais besoin d'un plus large champ d'action pour exercer mon activité, et je m'en ouvris au colonel qui m'approuva et me fit partir en novembre avec un congé de six mois.

QUATRIÈME PARTIE

Le temps des célébrités

Paris - Monte-Carlo - Lucerne
1873-1889

Retour au « Petit Moulin Rouge » :
Sarah Bernhardt

Revenu, après guerre, dans mon village natal, j'entrai comme Chef de cuisine à l'hôtel du Luxembourg, à Nice, avec mon inséparable Bouniol, que j'avais fait venir. La saison d'hiver 1872-1873 terminée, je quittai l'hôtel du Luxembourg et Nice pour Paris, et je retournai de nouveau au Petit Moulin Rouge, mais cette fois comme Chef de cuisine.

Pendant le cours des années passées dans ce célèbre établissement, de 1873 à 1878, j'ai eu l'honneur de servir des princes, des ducs, les plus hautes personnalités mondaines et politiques et les plus grands rois et princes de la finance : ce qui me donnait l'occasion de créer d'intéressantes nouveautés gastronomiques et de former de nombreux élèves.

Parmi mes créations d'alors, j'en citerai quelques-unes : les mousselines d'éperlans aux crevettes roses, les soufflés de merlan à la Pompadour, les queues de petites langoustes à l'indienne, les cailles Lavallière, les suprêmes de poulet George Sand, le petit poulet de printemps Elisabeth la belle bouquetière, les cœurs d'artichauts Giralda, les suprêmes d'écrevisses à la Vauclusienne, la timbale aux béatilles de Monseigneur, les soufflés Montmorency, la coupe d'Antigny dédiée à la gracieuse Blanche d'Antigny[27] — la coupe d'Antigny fut servie, pour la première fois, à l'occasion d'un dîner offert par le Prince Galitzine à la gentille artiste.

En cette circonstance, un salon pour six convives, délicieusement décoré de roses, avait été réservé. Voici le menu :

Caviar frais

Blinis

Consommé Rossolnick

Bouchées Moscovites

Mousselines d'éperlans aux crevettes roses

Selle d'agneau de Behague poêlée

Petits pois à la française

Pommes noisettes

Canetons de Rouen à la Rouennaise
accompagnés d'une fine gelée au Frontignan
et de cœurs de romaines à l'orange

Asperges d'Argenteuil au beurre fondu

Soufflé au fromage Périgourdine

Coupe d'Antigny

Gaufrettes Bretonnes

Café mode Turque

Fine vieille Champagne

Grande Chartreuse

Vins : Steinberger

Ausleye 1859

Mouton Rothschild

Mise du Château

Champagne (servi frais) :
Veuve Clicquot, goût français

*

Le Prince Galitzine que je rencontrai, bien des années plus tard, au Restaurant du Carlton Hôtel à Londres, me rappela les dîners du Petit Moulin Rouge. «J'étais jeune alors, me dit-il, je menais une existence joyeuse. De ces beaux jours de ma vie, il ne me reste que le souvenir des heures délicieuses passées en charmante compagnie. Ces souvenirs me hantent souvent et me laissent le regret de ne pouvoir les revivre»,

C'est en 1874 que j'ai connu Sarah Bernhardt. La jeune artiste devait tenir un rôle dans une pièce où elle devait avoir un certain sujet à modeler et, n'ayant aucune notion de cet art, elle s'adressa au célèbre dessinateur et peintre français Gustave Doré qui entre temps pratiquait aussi la sculpture. Ce que Gustave Doré fit de mieux dans cet art est un vase en bronze : «La Vigne» remarqué au Salon de 1882 et le groupe si vivant et pittoresque qu'il exécuta pour le socle du monument d'Alexandre Dumas père, place Malesherbes.

Gustave Doré accueillit avec bienveillance la future grande tragédienne et se fit un plaisir de lui donner ses premières leçons de modelage.

L'atelier de Gustave Doré, sis 5, rue Bayard, était voisin du Petit Moulin Rouge. Chaque fois que Sarah venait à sa leçon son professeur la retenait à dîner. Ce léger souper était envoyé du Moulin Rouge; menu simple, mais soigneusement élaboré. J'avais l'avantage de connaître Gustave Doré avec qui je causais souvent, pendant son déjeuner, qu'il prenait presque régulièrement au «Moulin Rouge».

Connaissant ses goûts, je prenais plaisir à soigner particulièrement ses petits soupers. Je connaissais également le culte de Sarah Bernhardt pour la timbale de ris-de-veau aux nouilles fraîches, liée par une purée de foie gras agrémentée de lamelles de truffes. J'ai eu plusieurs fois l'occasion de la lui préparer moi-même pour satisfaire son caprice. C'est à cette fameuse timbale que je dois l'amitié que Sarah Bernhardt n'a jamais cessé de me témoigner depuis. Je l'ai revue très souvent à Paris, Londres, New York, Aix-les-Bains, Lucerne, Nice et pour la dernière fois à Monte-Carlo, peu de temps avant sa mort.

Je conserve de la brillante tragédienne le plus respectueux et affectueux souvenir. Sarah Bernhardt avait un cœur d'or. Voici une anecdote qui dépeint bien son charmant caractère. Elle remonte à mes souvenirs d'Angleterre, en 1906.

Un professeur de français, du nom de Bizeray, avait fondé dans un quartier de Londres un Cours de français pour jeunes filles. Ils avaient lieu le soir entre 7 h et 9 h. Les fillettes qui suivaient ces cours avaient tellement entendu parler de Sarah Bernhardt qu'elles auraient voulu, non seulement la voir, mais lui parler, toucher sa robe... Mais comment approcher une divinité ?

Bizeray, que je connaissais bien, me demanda s'il me serait possible d'intervenir auprès de Mme Sarah Bernhardt, ce que je fis aussitôt. Quand je lui expliquai le but de ma visite, elle se mit à rire, mais d'un rire si affectueux que j'étais sûr que sa réponse serait favorable. En effet, elle me dit : «Faites prévenir Bizeray que j'irai rendre visite à ses élèves, après demain soir à 8 h». À l'heure convenue, j'accompagnai Mme Sarah Bernhardt pour surprendre de joie ces jeunes filles dont le souvenir de cette visite exceptionnelle a dû rester gravé dans le cœur.

*

Dès que les hommes ont des raisons de se rencontrer hors de chez eux, tout commence et finit par des banquets !

Un après-midi de juillet 1874, un huissier du Ministère m'apportait, au Restaurant du Petit Moulin Rouge, une carte de Gambetta, au dos de laquelle le célèbre homme d'État avait écrit de lui réserver un salon privé, pour 7 h 30, de lui composer un menu dans lequel il désirait une selle d'agneau Béhague et une poularde en gelée à l'estragon. Les vins seraient choisis à leur arrivée.

À propos de ce dîner, je constate que les projets de la fameuse « Entente Cordiale[28] » entre la France et l'Angleterre, réalisée beaucoup plus tard, en 1907, ont été conçus bien avant qu'on ne le suppose.

En effet, ce jour-là, les deux invités de Gambetta étaient le futur roi Édouard VII, alors Prince de Galles, le deuxième personnage était un diplomate étranger.

Le Prince de Galles adorait la vie parisienne et ne dédaignait pas les plaisirs de la table. Le dîner offert par Gambetta se renouvela plusieurs fois. Leur amitié et leur communauté de pensée n'étaient un secret pour personne et ces dîners avaient sûrement de sérieuses raisons d'être. C'est probablement dans un salon du Petit Moulin Rouge que ces deux hommes ont posé les bases de la future « Entente Cordiale ».

Menu proposé et offert par Gambetta au Prince de Galles (1874) :

Melon Cantaloup

Porto blanc

Consommé Royal

Paillettes diablées

Filets de sole aux laitances à la Meunière

Selle d'agneau de Béhague poêlée

Haricots verts à l'Anglaise

Pommes noisettes à la crème

Poularde en gelée à l'estragon

Salade d'asperges

Soufflé d'écrevisses Rothschild
Biscuit glacé Tortoni
Gaufrettes Normandes
Les plus belles pêches de Montreuil
Amandes vertes
Café moka à la Française
Grande fine Champagne
Liqueur des Chartreux.
Vins choisis : Chablis
Col d'Estournel, Étampé 1864
Veuve Clicquot, 1864

De Cannes à Boulogne-sur-Mer

En 1876, j'achetai une maison de comestibles à Cannes : le « Faisan Doré » auquel j'ajoutai une salle de restaurant, ouverte seulement pendant la saison d'hiver.

Le 15 août 1878, je quittai définitivement mon vieux Moulin Rouge et le 28 août, j'épousai Mlle Delphine Daffis, fille aînée de Paul Daffis, éditeur très connu des bibliophiles, propriétaire de la collection Elzevirienne[29]. Notre union nous donna deux garçons et une fille : Paul, Daniel et Germaine.

Les premiers jours de septembre, nous rentrions à Cannes faire la réouverture du « Faisan Doré ». Deux mois à peine s'étaient écoulés depuis notre mariage quand mon beau-père Paul Daffis mourut subitement, laissant une veuve et deux petites filles dont l'aînée n'avait que trois ans. Malheureusement, quatre mois après la mort de leur père, elles allaient le rejoindre, mortes en huit jours du croup[30].

À la suite de ces dramatiques circonstances, je cédai ma maison de Cannes. Ne voulant pas rester inactif, je saisis une occasion qui se présenta fortuitement. Le hasard m'avait fait connaître un des membres de la Maison Chevet[31], à Paris, au Palais Royal, qui était mondialement connue pour ses dîners en ville et ses fins comestibles. Il leur fallait un directeur, il me proposa et je fus accepté. Je devais rentrer tout de suite en fonction, me mettre au courant des affaires de la maison. À la suite de diverses circonstances, je n'y restai que huit mois avec l'entière responsabilité de la maison. On sait que ses grands dîners dans les Ministères, en maisons bourgeoises, en province et même à l'étranger, en Allemagne, en Angleterre, etc. avaient fait connaître la Maison Chevet, merveilleusement installée pour le service de tels dîners.

L'expédition d'un dîner en Angleterre demandait beaucoup de précautions ; il fallait compter qu'il y avait la Manche à traverser, que quelques heures de mauvais temps pouvaient avoir de regrettables conséquences. J'ai conservé de mon passage à la Maison Chevet de bien agréables souvenirs. Entre autres celui de la fête villageoise organisée par Mme Adam[32] (Juliette Lambert) dans sa propriété à Gif. Fête donnée le 26 mai 1883, en remerciements aux 150 artistes qui avaient répondu à son appel. En voici le motif :

Lors des inondations en Alsace[33], Mme Adam eut la généreuse pensée de faire appel à des artistes français, leur demandant de bien vouloir se joindre à elle pour venir en aide aux malheureux sinistrés, en donnant chacun une de leurs œuvres peinture, gravure, dessin, etc. 150 artistes répondirent gracieusement à son appel !

La vente aux enchères de ces précieux objets produisit une forte somme qui fut envoyée au Comité de secours des victimes.

Pour remercier les généreux donateurs, Mme Adam les convia à une grande fête. Le programme de celle-ci se composait d'une promenade matinale conduite par Mme Adam en costume de bergère, d'un déjeuner campagnard, dont les tables étaient dressées sous les arbres séculaires de sa propriété et, le soir, d'un dîner éclairé de feux de Bengale. Accompagnés d'un orchestre, les plus grands ténors de l'Opéra apportèrent leur concours.

Mme Adam, qui passait ses hivers à Cannes, était cliente du Faisan Doré. J'avais eu l'occasion de causer avec elle. C'est ainsi qu'elle me chargea de la responsabilité du déjeuner, du dîner et de leur service, ce que je fis avec un sincère dévouement, ayant à cœur de faire plaisir à la charmante fermière.

Le printemps suivant je quittai la Maison Chevet dont j'ai conservé le meilleur souvenir, et je suis resté dans les meilleurs termes avec M. Chevet.

Dans les premiers jours du mois de mai 1884, peu de temps après avoir quitté le Palais Royal, je fus engagé comme chef de cuisine par MM. Pellé et Adolphe, propriétaires du restaurant de l'Opéra à Paris, maison aujourd'hui disparue, pour faire l'ouverture, à Boulogne-sur-Mer, de la nouvelle salle de restaurant annexée au Casino[34].

*

Le Casino est un véritable palais où un excellent orchestre, des salles de danse, de théâtre et de jeux de toutes sortes, sont là pour la distraction des estivants.

Le Café-Restaurant du Casino, tenu par MM. Pellé et Adolphe du Café de l'Opéra, est une des meilleures tables de la région. C'est une bonne fortune pour les baigneurs, de trouver dans une station balnéaire un des premiers restaurants de Paris. On se croirait, tant le service est parfait, la cuisine fine et délicate, les vins exquis... sur le boulevard Haussmann, embelli de la plage et de la mer dont la vue s'étend jusqu'aux côtes d'Angleterre.

À l'occasion de son inauguration, M. Hirschler, fermier général de l'établissement des Bains et du Casino, avait organisé des fêtes splendides qui durèrent trois jours. Ce fut une succession de spectacles et de divertissements animés par les meilleurs artistes venus de Paris. Des ballets, genre Folies-Bergères, dont un tableau « Les Pêcheurs

Boulonnais» dansé par huit jolies femmes de l'Éden, en gentilles pêcheuses de crevettes, fut très applaudi.

Le banquet d'ouverture fut servi dans la nouvelle salle du restaurant.

Je m'y trouvais à la table des journalistes, plus occupés à savourer la succession des mets et des vins qu'à prêter l'oreille aux discours d'inauguration, en reconnaissant que la dégustation d'un vin de premier cru vaut mieux que tous les discours du monde, fussent-ils prononcés en français ou en chinois.

La saison d'été terminée, je retournai à Paris, et à peine revenu, je rentrai au restaurant Maire avec M. Paillard.

À cette époque, la maison Maire jouissait d'une réputation méritée, aussi bien pour sa cuisine que pour sa cave. Ses nombreux et fidèles clients durent conserver longtemps les savoureux souvenirs du canard au sang, de la bécasse flambée, des perdreaux en cocotte parfumés de mousserons frais et de truffes. Puis la divine langouste à la crème et l'inoubliable « Pomme Maire[35] ».

Monte-Carlo : la rencontre avec César Ritz

Au mois d'octobre 1884, je quittai M. Paillard pour Monte-Carlo, afin d'y prendre la direction des cuisines du Grand Hôtel, appartenant à M. Jungbluth.

C'est au Grand Hôtel de Monte-Carlo que j'ai rencontré César Ritz, directeur de l'hôtel. Le nom de Ritz est devenu mondialement connu[36].

Lors de notre rencontre à Monte-Carlo, pour pouvoir compléter ses connaissances dans l'industrie hôtelière, n'étant par lui-même cuisinier, il lui fallait un Chef connaissant la grande cuisine et tous ses secrets, et qui soit au courant du service de restaurant où l'on dîne à la carte. Il fit donc appel à moi, et la sympathie qui se manifesta entre nous nous permit de travailler en communion d'idée et de pensée. Depuis ce jour jusqu'à sa mort, survenue pendant la guerre de 14, nous restâmes des amis inséparables.

La saison d'hiver de Monte-Carlo étant terminée, Ritz prenait la direction de l'Hôtel National à Lucerne. L'année suivante je suivais Ritz à l'Hôtel National et, plus tard, en 1890, ce fut avec une entente parfaite que Ritz prit la direction de l'hôtel et du restaurant du Savoy Hôtel à Londres et moi, la direction des cuisines de cette importante maison qui venait d'être construite.

À l'époque le Grand Hôtel à Monte-Carlo et son restaurant étaient le rendez-vous d'une société choisie. Au dîner, on rencontrait la plus haute société anglaise, américaine, française, allemande, autrichienne, russe, italienne, etc. Le Grand Duc de Mecklemburg, qui passait tous ses hivers à Cannes, venait passer chaque semaine une journée à Monte-Carlo et déjeunait au restaurant du Grand Hôtel, où sa table était retenue la veille pour lui et sa suite.

On y rencontrait aussi le Prince de Galles, futur Édouard VII, Chamberlain, Lord Derby, Herbert Bismark et les Grands Ducs de Russie. Le Prince de Galles venait souvent dîner au Restaurant du Grand Hôtel.

Voici la composition d'un menu qui lui fut servi lors d'une de ses visites :

Caviar frais

Blinis au sarrasin

Velouté d'écrevisse au beurre d'Isigny

Nostèles à l'anglaise

Selle d'agneau de lait de Pauillac

Petits pois frais du pays

Pommes de terre Rosette

Perdreaux cocotte Périgourdine

Salade de laitues rouges

Cœurs d'artichauts à la moelle et parmesan

Mousse à la vanille accompagnée de cerises Jubilé

Friandise de Monte-Carla

Café mode Turque

Grande fine Champagne 1860

Chartreuse du Couvent

Champagne brut Lafite, 1874

Porto vieux

Quelques amis de passage à Monte-Carlo en 1887 ne purent résister au désir de tenter la fortune au casino.

Après une heure passée autour d'une table animée par de nombreux joueurs, ils furent émerveillés de leur propre bénéfice et ils décidèrent de le convertir en un succulent repas, au restaurant du Grand Hôtel, où une table fleurie fut retenue pour le soir même. On élabora un dîner très fin arrosé des meilleurs crus, dont voici le menu :

Prélude

Frivolités de la Riviera

Œufs de Pluviers au poivre oriental

Caviar de Sterlat

Crêpes Mousseline

Vodka

Timbale de queues de langoustines de la Méditerranée au paprika rose

Riz Pilaw

Jeune agneau de Pâques Renaissance

Petits pois frais à l'anglaise

Pommes nouvelles châtelaine

Suprême de poulet en gelée à l'Alsacienne

Salade d'asperges aux truffes

Cœurs d'artichauts au parmesan

Biscuit glacé à l'orange

Fraises au curaçao

Gaufrettes aux avelines

Café à la Française

Grande Fine Champagne

Vieille Chartreuse du Couvent

RECETTE DE LA TIMBALE DE LANGOUSTINE
AU PAPRIKA ROSE
(pour 10 personnes)

Choisir 6 langoustines du poids de 300 grammes environ ; les diviser en deux sur la longueur. Retirer la petite poche qui se trouve à hauteur de la tête, qui contient généralement du gravier. Mettre sur une assiette les parties crémeuses qui se trouvent à côté de cette poche, supprimer les pattes, diviser chaque moitié en deux morceaux. Assaisonner la chair de sel et de poivre. Faire chauffer dans une casserole, 100 grammes de beurre et une forte cuillerée d'huile d'olive pure. Ranger dans le beurre les morceaux de langoustine l'un à côté de l'autre, la chair baignant dans le beurre ; couvrir la casserole dès que la carapace commence à rougir : ajouter une cuillerée d'oignon et une échalote finement hachés, ainsi que 250 grammes de champignons soigneusement épluchés et surtout fraîchement cueillis et une cuillerée à dessert de paprika doux. Recouvrir la casserole, laisser étuver oignons et champignons pendant quelques minutes ajouter quelques cuillerées de vieil Armagnac et un grand verre de vin blanc ; faire réduire de moitié et y ajouter 4 décilitres de velouté de poisson et 3 cuillerées de glace de viande. Couvrir la casserole, continuer la cuisson à petite ébullition pendant 20 minutes. À ce point, retirer les morceaux de langoustes de la cuisson, décortiquer les chairs, les déposer dans une timbale en argent, tenir au chaud. Mêler aux parties crémeuses réservées sur une assiette, 100 grammes de beurre frais, le jus d'un citron et une pincée de persil frais haché.

Lier la sauce avec 4 jaunes d'œufs étendus de quelques cuillerées de crème fraîche et compléter la sauce avec le beurre préparé. Verser aussitôt sur les langoustes.

Servir la timbale accompagnée d'un riz pilaw.

*

Pendant la saison 1885-1886, l'Étoile de la danse, Katinka, habitait le Grand Hôtel à Monte-Carlo. Le Prince Katschoubey[37], qui habitait également ce Palace, l'invitait souvent à dîner à sa table.

J'ai eu maintes fois le plaisir de causer avec la gracieuse artiste, elle trouvait surtout un réel agrément à parler des mets de son pays, ce qui m'intéressait particulièrement.

J'ai conservé de nos causeries quelques recettes, dont j'ai fait plusieurs fois usage. Celle du foie gras au paprika, surtout, me parut très intéressante.

Nous parlions un jour d'écrevisses et la belle artiste me dit « J'adore les écrevisses, mais je n'aime pas les décortiquer de mes mains ». Elle me demanda de les servir sans carapace.

Le lendemain soir, dînant en compagnie du prince et de deux personnages de la colonie Russe, je leur fis servir le menu suivant :

Caviar gris de Sterlet

Blinis Moscovite

Vodka

Velouté léger de poulet

Paillettes aux amandes grillées

Mousse de merlan aux écrevisses que je baptisais
« Le Rêve de Katinka »

Selle d'agneau de Pauillac poêlée

Petits pois frais à l'Anglaise

Pommes Rosette

Cailles à la Hongroise

*Cailles pochées dans un fond de veau brun
servies froides dans leur gelée,
accompagnées d'un foie gras préparé
d'après la recette donnée par Katinka*

Asperges de serre au beurre fondu

Souffle au parmesan à la Périgourdine

Fraises au Curaçao

Fleurettes Chantilly

Sablés Viennois

Café Mode Orientale

Vieille Fine Champagne

Grande Chartreuse

Peut-être trouvera-t-on que le poisson que j'ai choisi pour la composition de ce mets est un peu vulgaire, ce serait une erreur de le supposer. Le merlan, il est vrai, n'est pas haut coté, mais sa chair délicate pourrait le classer plus avantageusement Il n'y a pas de chair plus saine que celle du merlan; friable, légère, sans viscosité; elle pèse peu dans l'estomac et on la prescrit d'ailleurs aux convalescents.

Si le merlan avait un nom aussi pompeux que celui de « Étoile de Mer » on le proclamerait Roi des poissons.

RECETTE DE LA MOUSSE DE MERLAN AUX ÉCREVISSES

Proportions pour 5 à 6 personnes. Prendre sur un merlan venant d'être pêché : 500 grammes de sa chair bien parée et dénervée : 3 blancs d'œufs, 6 à 7 décilitres de crème assez épaisse, surtout très fraîche, ce qui est important ; 12 grammes de sel, un gramme de poivre blanc.

PROCÉDÉ : Piler finement les chairs avec l'assaisonnement, ajouter les blancs d'œufs petit à petit et passer au
tamis fin.

Recueillir la farce dans une casserole, dite sauteuse,
bien étamée ; la tenir en pleine glace pendant trois quarts
d'heure.

Ensuite, détendre la farce progressivement avec la
crème en la travaillant avec une cuillère en bois, sans retirer la sauteuse de la glace

Beurrer fortement un moule à charlotte, de grandeur
voulue, mettre dans le moule et sur les parois quelques
lames de truffe ; remplir le moule aux trois-quarts de la
hauteur avec la farce. Pocher la mousse au Bain-Marie,
casserole couverte, tenir l'eau près de l'ébullition, surtout
ne pas la laisser bouillir.

Pendant ce temps, on aura cuit dans un court-bouillon
au vin blanc, 36 belles écrevisses, bien vivantes ; les
décortiquer ; mettre les queues dans une casserole avec
deux cuillerées de beurre fin et 125 grammes de truffes
crues, soigneusement pelées et coupées en lamelles, une
prise de sel et une prise de poivre fraîchement moulu,
couvrir la casserole, faire bien chauffer les écrevisses
pendant quelques minutes, temps nécessaire pour donner à la truffe la possibilité de développer son arôme.
Envelopper ce fin ragoût de sauce paprika à la crème. Au
moment de service, démouler la mousse sur plat rond un
peu creux et l'entourer de la précieuse garniture.

La mousse de merlan «Rêve de Katinka», doit être
aussi légère que les pas artistiques de la célèbre danseuse.

Dans la matinée du lendemain, la gracieuse Hongroise
vint me remercier à la cuisine de l'excellent dîner que je
leur avais fait servir. Ceci lui avait permis de satisfaire
son rêve de gourmandise et me donna l'assurance que ses
invités furent également ravis.

Le Prince Katschoubey devant avoir de nouveau

quelques invités désirait le même menu, « mais, me dit-elle confidentiellement, le Prince adore ce fin batracien qu'on appelle grenouille. Comme je sais que vous en avez toujours de très belles, il faudrait lui faire la surprise de joindre aux écrevisses quelques grassouillettes cuisses de ces petites bêtes ». Ce que je fis.

Inutile de vous dire le succès de la surprise.

Un dîner avec « La » Patti

La sublime Diva, Adelina Patti[38], très sensible à l'accueil charmant qu'elle rencontrait partout, fut un jour reçue par M. et Mme Jungbluth, les très aimables propriétaires du Grand Hôtel de Monte-Carlo. C'était d'ailleurs toujours avec un nouveau plaisir qu'elle y revenait, très simple malgré son prestigieux talent, elle était devenue une amie de la maison, ce qui lui donnait l'occasion de parler cuisine, avec M. Jungbluth.

Un matin, pendant que Mme Patti prenait son déjeuner au restaurant avec le petit air jovial qui faisait son charme, elle posa la question suivante à M. Jungbluth : «Dites-moi, j'ai remarqué votre brillante santé, vous ne devez pas toujours manger de votre cuisine si riche? Ne pourriez-vous pas me faire goûter de vos plats familiaux?». M. Jungbluth répondit «Ce que vous désirez est des plus facile, si vous voulez, Madame, nous faire l'honneur d'accepter de déjeuner demain avec nous, en famille. Vous trouverez un excellent pot-au-feu, à l'Alsacienne qui, je suis certain, répondra à votre désir».

Mme Patti accepta avec plaisir et ce fut avec sa simplicité habituelle que la grande Diva, accompagnée d'une amie, prit part au déjeuner en question.

Le menu était composé d'un «Pot-au-feu Alsacien» dont voici la recette :

Dans une marmite en terre, une pointe de culotte de bœuf et un morceau de petit lard salé, produit alsacien, le tout couvert d'eau froide salée à raison de 7 grammes de sel par litre d'eau.

Faire partir en ébullition, et après avoir soigneusement enlevé l'écume montée à la surface, ajouter les légumes indispensables, ne couvrir la marmite qu'au trois quarts, conduire la cuisson à très petit feu pendant trois heures.

Ensuite le potage Xavier[39] préparé avec l'exquis bouillon du pot-au-feu.

Suivait la pièce de bœuf copieusement entourée de légumes, saucisses et lard, dressée sur un grand plat long.

Une sauce Raifort, mode alsacienne, relevait merveilleusement la saveur de ce plat.

Puis venait une superbe poularde de la Bresse, simplement enveloppée de fines bardes de lard et rôtie à la broche au feu de bois, accompagnée d'une salade de chicorée frisée et betterave. Mais vu cette belle circonstance, on sortit un peu de la cuisine simple, et l'on commit le doux péché de gourmandise.

Un magnifique parfait de foie gras fit en effet son apparition.

Ce parfait auquel je donnai le nom de « Sainte-Alliance » était composé de vrai foie gras d'Alsace et de truffes du Périgord. Alliance indissoluble. Malgré tous les événements politiques qui pourraient troubler l'atmosphère, le « Parfait Sainte-Alliance » restera toujours un joyau de la cuisine française.

Pour terminer, une mousse à l'orange entourée de fraises macérées au Curaçao complétait ce déjeuner exceptionnel.

Pour commencer le repas un petit vin délicieux fut servi : le Zwikerb[40], mais pour accompagner religieusement le foie gras, seul l'exquis Riesling, grand cru de

Wolscheim, pays natal de M. Yungbluth, méritait l'honneur de fêter le baptême du Parfait Sainte-Alliance.

*

Parmi mes créations de l'époque, je pourrais citer : la timbale Grimaldi, les filets de sole Walewska, les filets de sole Florentine, mousse de merlan aux huîtres à l'orientale, poularde Monte-Carlo, poularde aux raviolis à la Garibaldi, le poulet sauté Florentine, les suprêmes de perdreaux Marquise, les cailles Richelieu, les cailles Carmen, les cailles du Chevalier Lombard, la poularde Adelina Patti, les fraises Mireille, les Mandarines surprise, la mousse de merlan Katinka[41], etc.

Toutes les nouveautés créées à Monte-Carlo étaient, compte tenu de la saison, rééditées à l'Hôtel National à Lucerne dont la clientèle variait peu de celle de Monte-Carlo.

En effet, à cette époque, je partageais l'année entre le Grand Hôtel de Monte-Carlo pendant la saison d'hiver, et l'Hôtel National de Lucerne, pendant la saison d'été.

En dépit de son ancienneté, ce superbe palace, grâce à des améliorations constantes et aux modernisations les plus parfaites, sut conserver toujours son haut prestige et sa réputation mondiale. L'Hôtel National, construit en bordure du lac des Quatre Cantons, jouit d'une vue idéale ; à gauche le Righi, à droite le Pilatus[42], en face le lac avec ses coquettes embarcations de plaisance, dans le fond une ligne de montagnes couvertes de neige.

Au lever du jour on peut, sans crainte des regards indiscrets, ouvrir toutes grandes les croisées de sa chambre pour profiter des vivifiants effets des premiers rayons du soleil et respirer la brise de la flore sauvage venue des montagnes environnantes.

On trouve à l'Hôtel National un accueil charmant qui engage à y revenir toujours avec plaisir.

Une cuisine exquise, les meilleurs crus de France, un service parfait rendent le séjour fort agréable dans ce vaste palace qu'on ne voudrait jamais quitter.

Des personnages illustres ont habité l'Hôtel National de Lucerne pendant l'époque où j'avais la direction des cuisines.

L'impératrice Eugénie n'y fit qu'un court séjour, mais qu'elle déclara enchanteur.

Le Prince Fouad, aujourd'hui Fouad Ier d'Égypte[43], y passait deux où trois semaines chaque année.

Le Maharajah de Baroda[44], venu en Europe à l'occasion du Jubilé de la Reine Victoria d'Angleterre, Impératrice des Indes, vint passer un mois à l'Hôtel National, avec la Maharanée, accompagnés d'une suite de 45 personnes dont un chef de cuisine indien et quelques femmes indiennes qui avaient pour seule mission de préparer chaque matin la pâte curry. Dès leur arrivée, une cuisine spéciale avait été mise à leur disposition. À chaque repas, on servait au Maharajah des mets préparés à l'indienne, mais aussi les mets à la française, très appréciés du Prince indien. La Princesse aimait beaucoup les petits poissons du lac, qu'on lui servait frits à l'huile d'olive.

Le comte de Fontalva, ministre du Portugal à Berne, qui donnait des bals et des fêtes sur le lac, arrivait chaque année de Lisbonne en Mail Coach superbe, attelé de six mulets.

Son Altesse Royale, le Prince Georges de Prusse, cousin de l'Empereur Guillaume Ier, venait également accompagné de quelques officiers.

*

Après que M. Thiers eut donné sa démission, le 24 mai 1873, il lui fut conseillé de prendre un repos prolongé. M. Jungbluth, alors directeur de l'Hôtel National de Lucerne, saisit cette occasion pour lui offrir ses services, en le priant, en tant qu'Alsacien Français, de lui faire l'honneur de descendre chez lui.

Sensible à cette proposition venant d'un Alsacien resté fidèle à la France, Thiers lui confirma son acceptation par une lettre extrêmement aimable. Les bords du lac des Quatre Cantons lui ayant paru un lieu de retraite idéal, l'ex-président s'installa bientôt à l'Hôtel National, en compagnie de Mme Thiers et de Mlle Dosne, sa belle-sœur[45].

Pendant le séjour du grand homme d'état à Lucerne, des comités alsaciens d'anciens combattants, venus avec leurs drapeaux, tinrent à l'honneur de lui offrir l'hommage de leur respect et témoigner ainsi leur fidélité à la France. M. Thiers les reçut avec son urbanité coutumière et, leur serrant la main, trouva un mot aimable pour chacun.

Ces manifestations étaient significatives de l'attachement des Alsaciens à leur pays d'origine.

CINQUIÈME PARTIE

Du Savoy au Ritz

Londres - Rome - Paris
1890-1898

Le Savoy : un succès foudroyant

Le Savoy, hôtel-restaurant à Londres, était une importante maison, construite en 1888, inaugurée en 1889, dans de brillantes conditions, mais elle vit bientôt son étoile pâlir. Trois mois après un succès éphémère, c'était la faillite à bref délai. Il ne pouvait du reste en être autrement.

La direction de l'hôtel avait été confiée à un directeur charmant, mais n'ayant aucune connaissance dans la partie hôtelière et pas de relations ni de liaisons avec les hôteliers du continent, ce qui était une grave erreur.

La direction des cuisines était sous les ordres d'un chef, qui, sans doute bon cuisinier, puisqu'il sortait de chez Rothschild, ne possédait cependant pas les notions nécessaires au chef d'un grand restaurant à la carte. C'est alors qu'en janvier 1890, des propositions furent faites à M. Ritz, qui accepta de prendre la direction du Savoy Hôtel. Il me dit alors : « Je compte sur vous pour me seconder clans cette affaire vous prendrez la direction des cuisines ».

Ayant quelques connaissances sur la situation de cette maison, et prévoyant un grand succès, j'acceptai de le suivre à Londres. Le premier dimanche d'avril 1890, Ritz et moi, nous entrions au Savoy Hôtel, secondés par un ami commun, L. Echenard, depuis plusieurs années directeur du Midland Hôtel à Londres. Une entente parfaite ne cessa de régner entre nous, et les merveilleux résultats obtenus en peu de temps permirent de donner confiance en l'avenir de notre entreprise. En effet, le Savoy Hôtel et son restaurant devint bientôt une école d'hôtellerie moderne et ce fut le développement de la cuisine française en Angleterre.

Je n'ai pas oublié la petite surprise désagréable du premier jour de mon entrée au Savoy Hôtel. C'était un dimanche où tous les magasins sont fermés en Angleterre, de sorte qu'il n'était pas facile de pouvoir s'approvisionner. Or, ceux qui la veille avaient dû quitter la place, avaient, pour nous créer des ennuis, tout saccagé et détruit ce qui pouvait nous servir... il ne restait pas même un grain de sel. En présence de cette fâcheuse situation, un bon ami, Louis Peyre, qui à cette époque dirigeait les cuisines du «Charing Cross» hôtel, mit à ma disposition, avec la plus charmante amabilité, tout ce qui m'était nécessaire pour pouvoir faire face aux difficultés présentes et grâce à son concours la journée se passa sans le moindre petit accroc.

Le lendemain, lundi, tout marcha dans un ordre parfait; mais il était grand temps de réagir; il fallait sortir de cette fâcheuse impasse et trouver le moyen d'attirer l'attention de la meilleure société anglaise par des combinaisons nouvelles. La question fut vite résolue et à ce sujet, pendant notre séjour au Grand Hôtel à Monte-Carlo, nous avions pu nous rendre compte que les «Menus» de la carte du jour étant rédigés en français, la plupart de la clientèle anglaise, ne comprenant pas très bien nos termes en usage pour désigner les mets, laissaient aux maîtres d'hôtel le soin de commander leur dîner. Il en était de même au Savoy où tous les menus étaient rédigés en français. D'un commun accord Ritz, Echenard et moi, nous décidâmes, pour faciliter nos bons Anglais de créer des dîners à prix fixe qui ne différaient en rien avec le service à la carte[46]. Il fallait n'être pas moins de quatre personnes et c'est moi qui fus chargé de la rédaction et de la composition des menus.

Dès ce jour, notre résolution fut immédiatement mise en pratique. Voici comment un client demandait de lui composer un menu : le maître d'hôtel prenait le nom de la personne, l'inscrivait sur une feuille détachée d'un carnet, mentionnait le nombre de couverts, l'heure du dîner et m'envoyait tout de suite cet ordre ; je composais alors le menu à mon idée. Le double de ce menu était conservé dans un livre spécial de sorte que, lorsque la même personne revenait commander un dîner du même genre, je n'avais qu'à ouvrir mon livre et à changer les mets qui lui avaient été servis dans le précédent dîner. La liberté qui m'était laissée dans la composition de ces menus me permettait d'en varier les mets à ma fantaisie et de produire ainsi de nombreuses créations. Notre système de dîners à prix fixe fut très apprécié et contribua, pour une large part, aux succès du restaurant du Savoy Hôtel, système qui malgré les quarante années écoulées depuis lors, est resté en vigueur.

Je dois dire que, par amour de la cuisine, je portais à la composition de ces menus toute mon attention avec le pur désir de satisfaire nos bons clients et mon amour propre.

Ritz avait porté tous ses soins à l'éclairage des tables du restaurant, afin qu'une lumière savamment diffusée mette en valeur les visages féminins. Les clientes, sensibles à cette attention, devinrent des fidèles du Savoy Restaurant. Donner à la femme tout son éclat, c'est là un des secrets du succès.

Peu de temps après, malgré quelques difficultés, on put obtenir l'autorisation d'avoir un orchestre le dimanche, pendant le dîner, ce qui n'avait jamais existé en Angleterre[47]. Ce fut une grande innovation, si heureuse que tous les restaurants de Londres suivirent cet exemple.

Le restaurant du Savoy Hôtel était devenu le rendez-vous du monde élégant : on y rencontrait chaque soir les plus grands personnages de l'aristocratie anglaise et étrangère, les hauts princes de la finance, les célébrités appartenant au monde des Arts.

*

C'est au Savoie qu'eut lieu le mariage du Duc d'Aoste avec la sœur du Duc d'Orléans[48]. À cette occasion, 37 princes et princesses, ducs et duchesses furent réunis autour d'une somptueuse table, tandis que leurs suites étaient réunies dans une salle voisine.

Au même moment, se tenait également un banquet de 50 couverts présidé par le Prince de Galles et donné par le Cornish Club. Le Prince ne pouvant s'y soustraire, ce fut la Princesse de Galles qui le représenta au banquet du mariage du Duc d'Aoste.

Ainsi j'eus à servir, le même jour, trois tables prestigieuses, plus de 150 couverts, pour lesquels trois menus distincts avaient été préparés.

MENU ROYAL POUR LE MARIAGE DU DUC D'AOSTE AVEC LA SŒUR DU DUC D'ORLÉANS

C'est au Savoy Hôtel, à Londres, qu'ont eu lieu, on le sait, les repas en l'honneur de ce mariage princier.

Voici le menu de la table principale :

Melon Cantaloup

Frontignan

Consommé en gelée

Velouté de champignons à l'Italienne

Truite saumonée pochée au vin d'Asti
accompagnée de paupiettes de sole à la Montpensier.

Selle de mouton de pré salé à la Piémontaise
Petits pois à la Française
Pommes noisettes
Suprêmes de volaille Royale Alliance
Pointes d'asperges à la crème
Sorbets au Clicquot rosé
Cailles aux feuilles de vigne
Brochettes d'ortolans
Salade Victoria
Cœurs d'artichauts à la moelle
Soufflé d'écrevisses à la Florentine
Pêches Princesse Louise d'Orléans
dressées sur mousse à la fraise
Friandises
Les plus beaux fruits
Café mode orientale
Fines liqueurs de France.

MENU DE LA TABLE DES INVITÉS

Hors-d'œuvre
Melon Cantaloup
Frontignan
Consommé en gelée
Velouté de champagne à l'Italienne
Truite saumonée pochée au vin d'Asti accompagnée
de paupiettes de sole à la Montpensier
Filet de bœuf poêlé à la Piémontaise
Petits pois à la Française

Pommes noisettes
Suprêmes de volaille Royale Alliance
Pointes d'asperges à la crème
Aspic de homard à la Parisienne
Cailles aux feuilles de vigne
Salade Victoria
Cœurs d'artichauts à la moelle
Pêches Princesse Louise d'Orléans
Friandises
Corbeille de fruits
Café Moka
Liqueurs de France

DÎNER PRÉSIDÉ PAR LE PRINCE DE GALLES

Tortue claire
Saint-Germain
Truite saumonée Royale
Whitebait à la Diable
Mousse de Jambon au velouté
Épinards au beurre
Selle d'agneau à la broche
Haricots verts à l'Anglaise
Pommes de terre à la crème
Suprêmes de volaille en gelée à l'Alsacienne
Cailles Souvarow
Salade de blanc de romaine
Asperges d'Argenteuil
Biscuit glacé à l'ananas

Fraises au Maraschino
Laitances (Soft Roe on Toast)
Café Turc
Vins : Amontillado
Milk-Punch
Berncasther Doctor, 1874
Brown Cantenac, 1888
Pommery brut, 1884
Moët Cuvée, 1884
Château Léoville Poyferré (cachet du Chareau) 1878
Grande fine, 1865
Groft's Old Port, 1858
Curaçao Marnier, extra sec

Un dîner tout en rouge

En décembre 1895, un groupe de jeunes gentlemen anglais, bons viveurs, ayant gagné sur le rouge la coquette somme de 350 000 francs sur la banque de Monte-Carlo, décidèrent de donner un dîner à leur couleur favorite.

Le restaurant du Savoy fut choisi pour réaliser leur fantaisie.

Tout en effet fut rouge et or, sauf bien entendu la poularde truffée où la « noire » remplaça momentanément la « rouge ».

La table fut parsemée de pétales de roses rouges. Rouge était la carte, rouges les sièges auxquels on avait collé le numéro fatidique 9. Dans les coins du salon qui leur était réservé, des palmiers évoquaient la côte d'Azur et portaient des boules rouges éclairées à l'électricité. Tout cela était d'un effet saisissant. Cet éblouissant décor rappelait la soirée passée dans les vastes salles de ce palais construit sur le Rocher de Monte-Carlo, rocher mystérieux du hasard et de la fortune.

La fantaisie ne perdit pas ses droits dans la composition de ce « Menu ».

AVANT LE HORS-D'ŒUVRE :

Disques, levés à l'emporte-pièce, ronds,
de 5 centimètres de diamètre sur de fines tranches de saumon fumé d'un beau rouge. L'un des disques recouvert d'une couche de caviar frais, un second disque recouvrait le caviar. Ces frivolités étaient disposées sur de petites galettes minces en pâte feuilletée et dressées sur une petite serviette rouge.

Clicquot rosé

*Suit un consommé
au fumet de perdrix rouges*

Paillettes dorées

POISSON :

*Suprême de rouget au Chambertin
accompagné de laitances de carpes
aux écrevisses à la Bordelaise*

Cailles Mascotte (leurs mascottes)

COMME ACCOMPAGNEMENT :

Un riz pilaw était de rigueur

Château Lafite (Étampe 1870)

RELEVÉ :

*Une selle d'agneau de Galles aux tomates
à la Provençale et purée de haricots rouges*

Sauce souveraine au suc de pommes d'amour

Continuation du Château Lafite

POUR INTERMÈDE :

Pluie d'or

Mandarinier nain

Sa base parsemée de pièces de cent francs en chocolat revêtues de paillettes d'or entremêlées de mandarines glacées. Le tout recouvert d'une pluie de sucre filé de couleur or.

Poularde truffée aux perles noires du Périgord

Salade de cœurs de laitue rouge des Alpes

Asperges nouvelles sauce
« Coucher de soleil par un beau soir d'été »

Parfait de foie gras en gelée au paprika doux
à la Hongroise

Champagne : Cordon Rouge (cuvée spéciale)

Rocher de Monte-Carlo

Reproduction du rocher en glace taillée. Intérieur du rocher éclairé en rouge, lumière électrique[49]. À sa base, dissimulée parmi les œillets rouges et feuillage d'automne rouge, une coupe en cristal dans laquelle était dressé un lit de mousse de Curaçao sur laquelle reposaient de belles fraises de serre, macérées au sucre et à la liqueur de Curaçao.

Accompagnées de multiples mignardises féminines

Café mode orientale

Grandes liqueurs de France

Cigares

Si, à la fin de ce repas insolite, les visages des convives n'étaient que modérément rouges, le mérite en revient à la qualité de nos grands vins rouges de France qui accompagnaient ce menu. Ces jeunes Anglais, enchantés de leur dîner, jurèrent de tenter à nouveau leur chance au jeu. N'ayant plus entendu parler des suites de ce serment, je suppose que la déesse Fortune manqua au rendez-vous !

Les Petites Sœurs des Pauvres

Au cours de cette période au Savoy, je recevais chaque matin la visite de deux religieuses, roulant dans une carriole attelée d'un cheval poussif, menée par un des vieux pensionnaires de leur hospice. Elles venaient prendre le marc de café, non épuisé de ses principes stimulants, les feuilles de thé n'ayant subi qu'une simple infusion, et tout le pain provenant des parures de toasts.

J'étais touché par le dévouement admirable des Petites Sœurs des Pauvres, consacrant leur existence à l'amélioration du sort des déshérités.

J'avais pris intérêt à cette œuvre. Je pris à cœur que tout ce que l'hôtel pouvait leur donner fût particulièrement soigné et d'une propreté exemplaire; surtout les jours où je pouvais ajouter à leurs modestes provisions le nombre respectable de 150 à 200 cailles, provenant de soupers servis la veille. Ces cailles, auxquelles ne manquaient que les blancs de poitrine, délicatement prélevés pour le client, laissaient deux cuisses adhérentes à la carcasse! C'est justement dans cette partie que se trouve concentré le délicat fumet si apprécié des vrais amateurs de gibier. Ces reliefs, préparés au riz suivant mes indications, étaient délectables, et nos vieillards n'y étaient pas insensibles. Comme cette manne leur tombait du ciel assez souvent, ils avaient baptisé ces jours fastes leur «soirée de gala» et demandé que fût inscrit sur leur menu : «Pilaw de Cailles à la mode des Petites Sœurs des Pauvres».

Nous prenions tous les soins pour que les cailles, au sortir de la salle du restaurant, soient mises dans un seau émaillé réservé à cet usage et enfermé ensuite dans la glacière. Le lendemain, je remettais le seau aux bonnes sœurs qui me le retournaient vidé de son contenu.

Un matin, nous apprîmes que le pauvre cheval était mort, à la consternation de tous. Je devinais que le remplacement de ce cheval causait de graves soucis d'argent à la Mère Supérieure.

Je priai les Sœurs d'annoncer ma visite pour le lendemain. À l'heure dite, la Révérende Mère, personne aussi aimable que distinguée, me remercia de l'intérêt que je portais à son œuvre et de notre contribution à l'amélioration de l'ordinaire de ses vieillards. Enfin, elle me confia son souci : elle avait bien en vue un nouveau cheval à acquérir dans des conditions raisonnables, mais il lui manquait cinq livres.

Cette petite somme lui fut remise le lendemain. Deux jours après, le nouveau cheval conduisait la modeste carriole.

L'année à peine écoulée, vint mon tour de demander un service à la Mère Supérieure. Un vieux cuisinier qui avait, en son temps, connu des heures de gloire dans les meilleurs établissements de Paris, était venu échouer à Londres sans la moindre ressource. N'étant plus en état de prendre la responsabilité d'un poste, même secondaire, dans une brigade de cuisine, il n'avait d'autre perspective qu'une proche misère.

Pour ne pas laisser un ancien collègue dans une situation pénible, je le pris avec moi, lui créant une petite activité, lui permettant de vivoter, mais ce ne pouvait être qu'un palliatif! J'entrevis donc la possibilité de le faire entrer chez nos petites sœurs. Je tentai une démarche auprès de la Mère Supérieure et lui expliquai le but de ma visite.

«Nous n'avons pas de place disponible pour l'instant, dit-elle, mais, qu'à cela ne tienne! Nous nous arrangerons toujours pour recevoir votre protégé; elle ajouta avec un bon sourire : nous vous devons bien ça!»

Trois jours après, notre vieux collègue, enchanté de cette solution inespérée, fut recueilli chez les Petites Sœurs. Il y termina paisiblement son existence.

Non seulement pendant mon séjour au Savoy, mais ensuite durant mes vingt ans passés au Carlton, j'ai continué, dans la mesure de mes moyens, à procurer quelques douceurs à ces vieillards.

Hélas! Quand je quittai définitivement l'Angleterre, mes successeurs oublièrent les Petites Sœurs des Pauvres... Plus tard, su cours d'un bref séjour à Londres, je leur rendis visite. Elles me dirent combien les vieillards avaient regretté mon départ, car, du jour au lendemain, les cailles avaient disparu de leurs tables. De leurs «dîners de gala», il ne restait qu'une douce nostalgie.

Les Anglais et les grenouilles[50]

Petit batracien, dont une espèce vit dans l'eau et l'autre sur terre, il se trouve presque partout. En Égypte surtout, il est si abondant que les cigognes en font leur nourriture principale. En hiver, la grenouille reste engourdie; le printemps la ranime et la fait sortir de sa retraite. Les médecins du Moyen Âge se sont, pour la plupart, opposés à ce qu'on mangeât leur chair, mais cependant tous n'étaient pas du même avis, puisque quelques-uns ont même indiqué diverses préparations culinaires. Dans certains pays, comme en Angleterre, on a leur chair en horreur. En France, il s'en fait une grande consommation. Leur chair est surtout recherchée en automne, époque à laquelle la grenouille est très grasse, ce qui la rend plus délicate. Il y a bientôt deux siècles cet aliment était déjà très à la mode à Paris.

Un Auvergnat, nommé Simon, fit à l'époque une fortune importante en engraissant des grenouilles qu'on lui apportait de son pays.

On en trouve beaucoup sur les marchés en Italie, en Allemagne. En France ce ne sont que les cuisses qu'on accommode à la sauce blanche ou sautées au beurre ou à l'huile d'olive, assaisonnées de sel, de poivre et pour finir d'une pincée de persil hachée et d'un petit jus de citron. Et, si le cœur vous en dit, une pointe d'ail en relèvera la saveur.

Les Anglais se divertissent parfois de caricatures représentant des Français mangeant des grenouilles. Ils nous appellent des « frogs eaters » ou mangeurs de grenouilles.

Pourtant, dans une « Histoire de l'île de la Dominique », de l'Anglais Atwood, je relève cette phrase : « Il y a à la Martinique beaucoup de crapauds que l'on mange. Les Anglais et les Français les préfèrent au poulet. On en fait des soupes et on les prépare en fricassée ».

Si le peuple anglais déteste généralement cette bestiole, du moins sur son assiette, le Prince de Galles faisait exception à la règle. Il aimait non seulement la cuisine parisienne la plus raffinée mais également la cuisine populaire. En ceci il partageait les goûts de Monseigneur le Duc d'Orléans qui appréciait tous les plats parisiens : des grenouilles au gras double en passant par les escargots et les tripes à la mode de Caen.

Amusé par cette polémique à propos de grenouilles, je me promis un jour, pendant mon séjour au Savoy, de faire manger des « frogs » à Messieurs les Anglais. L'occasion ne se fit pas attendre, Une grande soirée avec bal devait avoir lieu les jours suivants. De très nombreux mets froids, aussi variés que possible, figurèrent au menu, parmi lesquels une suite de plats baptisés pour la circonstance : « Nymphes à l'Aurore ».

La charmante et brillante société fit largement honneur à ces « Nymphes » sans savoir qu'elle se délectait de ces si méprisables cuisses de grenouilles.

Après cette petite victoire, Messieurs les Anglais, vous ne pourrez plus réserver aux seuls Français l'appellation de « frogs eaters ».

Voici comment j'avais préparé ce tour de passe-passe.

Après avoir été plongées dans un court-bouillon aromatisé de plantes odoriférantes, puis refroidies et enrobées dans une sauce chaud-froid au paprika rose, les cuisses de grenouilles étaient disposées dans un plat carré, décorées de feuilles d'estragon passées à l'eau bouillante salée, et rafraîchies. Le tout recouvert d'une fine gelée de poulet.

Les plats étaient incrustés dans des blocs de glace, précaution indispensable pour conserver à la gelée la fraîcheur souhaitable à la perfection de ce mets.

*

Deux mots encore à propos du mot « nymphe », substitué à celui de grenouille. Il m'est arrivé, en cette occasion comme en d'autres, d'essuyer les critiques de certains journalistes, à propos de mes dénominations culinaires.

Or, jusqu'à l'époque ou je dirigeais les cuisines du Savoy, en n'aurait jamais osé présenter sur une table anglaise un plat de grenouilles, et encore moins à l'occasion d'un gala qui réunissait 600 personnes de la meilleure société. D'où la nécessité de les rebaptiser d'un autre nom, grâce auquel mes grenouilles connurent enfin un grand succès !

Le Roi Édouard VII, alors Prince de Galles, s'amusa de l'aventure et me pria quelques jours plus tard, de lui faire servir des Nymphes. Ce n'était d'ailleurs pas pour lui un plat nouveau. Il était trop bon gastronome et ami de la France pour désapprouver ma supercherie.

Voici encore quelques façons d'accommoder les cuisses de grenouilles :

Faire chauffer dans une casserole plus large que haute, deux fortes cuillerées de beurre frais, y ajouter une cuillerée d'oignon finement haché ; dès que l'oignon commence à prendre une légère couleur blonde, lui mêler quatre douzaines de cuisses de grenouilles qu'on aura bien épongées sur un linge, puis roulées dans la farine. Saisir quelques instants les chairs. Assaisonnement : sel, poivre frais moulu, un soupçon de noix de muscade râpée et un verre de Madère, ou de Vieux Frontignan ; couvrir la casserole, donner deux minutes de réduction, y ajouter trois déci-litres de crème fraîche, laisser bouillir pendant quelques minutes, lier la sauce avec trois jaunes d'œufs étendus de deux cuillerées de crème. Servir aussitôt et en même temps une assiette de pain grillé coupé en petites lamelles.

Comme variante à ce mets, on pourra à son goût, mêler à l'oignon, soit une cuillerée à café de paprika rose doux ou une cuillerée de poudre de curry, puis, les cuisses de grenouilles ; dans ce cas, on accompagne le mets d'un plat de riz cuit à la mode Indienne.

Mais que diriez-vous des cuisses de grenouilles cardi-nalisées, dont voici le secret :

GRENOUILLES CARDINALISÉES

Choisir des cuisses aussi grasses et blanches que pos-sible. Faire chauffer dans une casserole 3 fortes cuillerées de beurre frais, leur mêler 3 à 4 douzaines de belles cuisses de grenouilles, bien épongées, les assaisonner de sel et de poivre frais moulu, un soupçon de muscade râpée, couvrir la casserole, donner dix à douze minutes de cuisson et mêler aux grenouilles 36 queues d'écrevisses et 200 gr de truffes fraîches, soigneusement pelées et coupées en lamelles ; arroser d'une cuillerée de fine Champagne et trois cuillerées de Madère, chauffer pendant quelques minutes et enrober ce ragoût d'une sauce Béchamel à la crème complétée d'un beurre d'écrevisses préparé avec les carapaces d'écrevisses.

Dresser en timbale d'argent ou en terrine de forme plus large que haute, disposer sur le dessus un petit œuf frais du jour, cuit mollet, pour chaque convive.

Servir en même temps des petits toasts de pain grillé et très chaud.

Si cet aliment n'est pas du goût de tout le monde, il n'en est pas moins sain, léger et convenant aux estomacs délicats. On doit choisir les grenouilles qui vivent dans l'eau claire. Les meilleures sont celles qui nous viennent de Bourgogne et de Bresse. On fait aussi avec ces petites bestioles des bouillons très rafraîchissants.

Zola et la cuisine provençale

Zola, venu à Londres pour étudier sur place les mœurs des bas quartiers de la cité, était, paradoxalement, descendu au Savoy Hôtel.

Ses goûts et sa prédilection pour nos mets provençaux et diverses préparations piémontaises me fournirent l'occasion de parler quelquefois cuisine avec l'auteur de « Pot Bouille ».

Au cours de nos conversations, le Maître semblait prendre plaisir à m'initier à ses mets favoris, il mettait une telle conviction à me conter ses petites faiblesses de gourmandise que, vraiment, on aurait cru qu'il était à table, en face de quelque savoureux pot-au-feu de mouton additionné d'un chou farci à la mode de Grasse, pour lequel il avait un véritable culte. Zola aimait aussi les sardines fraîchement pêchées, poivrées, salées et légèrement arrosées d'huile d'olive ; ces sardines étaient grillées sur la braise de sarment puis dressées sur un plat en faïence légèrement frotté d'ail, puis en dernier ressort, recouvertes d'une persillade à l'huile d'Aix. Ainsi préparées les sardines devaient en effet avoir une inoubliable saveur. Il aimait la blanquette d'agneau de lait à la Provençale, accompagnée de nouilles au safran, les œufs brouillés au fromage et truffes blanches du Piémont, coupées en fines lamelles et dressées dans une croûte de vol-au-vent, le risotto aux petits oiseaux et truffes noires, le fameux plat de polenta aux truffes blanches, dont l'empereur Napoléon était grand amateur! Il n'appréciait pas moins un bon cassoulet, les tomates, les aubergines, les courgettes, les poivrons doux accommodés à la mode provençale[51].

— « Quand j'y pense, me disait-il, le souvenir de ces ragoûts un peu campagnards fait revivre en moi toute ma jeunesse passée à Aix-en-Provence. Je n'ai pas oublié non plus ces délicieux Calissons si souvent grignotés pendant la classe. »

De tant de souvenirs gourmands réunis, on pourrait faire une intéressante plaquette qui, si elle n'ajoute rien à la gloire, du puissant écrivain, aurait du moins l'avantage de nous le faire connaître plus intimement.

La fin du Savoy et les débuts du Ritz

Pendant le cours des années passées au « Savoy Hôtel » à Londres (1890-1897) j'ai eu l'avantage de faire l'ouverture du Grand Hôtel à Rome, qui venait d'être construit.

Sur les conseils de Ritz, les administrateurs de la Société du Savoy Hôtel s'intéressèrent à cette affaire et fondèrent une société pour l'exploitation de ce nouveau palace. Ritz en prit la direction générale, secondé par M. Alphonse Pfyffer de l'Hôtel National de Lucerne et je fus chargé de l'installation des cuisines de l'hôtel et du restaurant, ainsi que du choix du personnel.

La question de former la brigade de cuisine était quelque peu délicate ; je devais ménager les sentiments bien naturels de patriotisme de mes collègues et amis Italiens, et pour éviter des froissements, ma brigade fut composée en moitié par des cuisiniers Italiens, et en moitié par des cuisiniers Français. Tout marcha dans le plus parfait accord sous la direction d'un chef de cuisine, un de mes élèves, M. Jaspard.

L'ouverture du Grand Hôtel fut un grand succès depuis, d'autres grands hôtels se sont ouverts, tel l'Hôtel Excelsior où indirectement j'ai contribué à l'organisation des personnels cuisiniers.

Presque à la même date, 1895, toujours avec Ritz et Echenard, nous faisions l'ouverture du chalet du Mont

Revard, comprenant un coquet restaurant et quelques chambres à coucher. L'ouverture du chalet coïncidait avec l'ouverture du Chemin de Fer à crémaillère qui conduit les voyageurs sur le plateau du « Mont Revard », dominant la riante vallée d'Aix-les-Bains et son grand lac.

Mes divers voyages à Rome m'avaient facilité la visite des musées, des monuments et des églises de la Ville Sainte. J'en ai conservé un inoubliable souvenir.

Par suite d'un désaccord, ou plutôt d'un malentendu[52], survenu entre M. d'Oyly Carte, Président du Conseil, et M. C. Ritz, directeur du Savoy, nous avons été amenés à quitter en 1897 cette maison que nous avions mis tout notre cœur à sauver du désastre, à élever au sommet de la gloire, et à donner aux actionnaires la satisfaction qu'ils étaient en droit d'attendre.

Il aurait cependant été possible à ces messieurs, sans blesser l'amour-propre de personne, de trouver un moyen de tout concilier, dans l'intérêt général. Il n'en fut rien. Nous partîmes donc, et ce fut pour moi, je dois l'avouer, une déception momentanée, vite dissipée par suite d'une circonstance favorable, arrivée bien à propos pour remettre les choses en place et dans leur vrai jour. Le temps est souvent le meilleur des juges. Ce fut le cas pour nous.

À cette époque, le Carlton Hôtel était en construction et sur le point d'être achevé. Immédiatement les administrateurs de cette compagnie, profitant de l'erreur commise par les administrateurs de la compagnie du Savoy, nous firent faire des offres pour la direction de ce nouveau palace « Le Carlton Restaurant Hôtel ». D'un commun accord, Ritz, Echenard et moi, acceptâmes les intéressantes conditions qui nous étaient proposées.

Personnellement, il y avait dans ma décision une question d'amour-propre. Je ne voulais pas quitter l'Angleterre sans mener à bonne fin l'œuvre commencée au Savoy Hôtel : le développement de la cuisine française, non seulement en Angleterre, mais dans le monde entier. Mes vingt années passées au Carlton Hôtel m'ont donné cette grande satisfaction et j'ai quitté ce grand pays hospitalier en mai 1920. J'en garde des souvenirs vivaces et une cordiale sympathie pour les gens avec qui j'ai travaillé et dont j'ai pu apprécier la valeur.

En mars 1897, nous quittions donc définitivement le Savoy Hôtel. La construction du Carlton de Londres n'étant pas achevée, il ne pouvait être question, avant un certain temps, de l'installation des divers services. Ce retard venait à propos. Une des causes de la brouille entre le propriétaire du Savoy et César Ritz était la construction du Ritz à Paris. Il était sur le point d'être terminé, et sans plus tarder, il fallait s'occuper de l'aménagement général : appartements, restaurant, cuisines, caves, etc., enfin, de tous les services qu'exige un hôtel qui devait être une innovation, et installer tout le confort moderne qui donnerait à une clientèle exigeante le maximum de bien-être. Ce qui fut réalisé dans les moindres détails.

Tout cela ne passa pas inaperçu. Ouvert le 5 juin 1898, le Ritz devint rapidement le rendez-vous de la riche clientèle étrangère et de la meilleure société française.

Situé au cœur de Paris, place Vendôme, cet hôtel jouit d'une situation unique, loin du bruit de la rue, calme précieux et bien agréable pendant la nuit... Son jardin ombragé invite les visiteurs à prendre leurs repas au grand air, ce qui ne manque pas de charme pendant les chaleurs de l'été. À l'heure du thé, le Ritz est le rendez-vous de la fine fleur de la société parisienne et étrangère. Bien que ses murs soient de construction moderne, la façade rappelle le roi Soleil et la fleur de lys de notre vieille France. Le rez-de-chaussée est de style Louis XIV, la salle à manger, de style Régence.

Je ne voudrais pas passer sous silence le dévoué concours de Mme Ritz qui après la mort de son mari (pendant la guerre de 14-18), n'a pas cessé de participer au développement et à l'embellissement de cette élégante demeure. Elle fait partie du Conseil d'Administration où ses avis sont précieux. La présence d'une femme dans la direction d'un hôtel a une très grande importance. Mme Ritz, par son tact et son goût, a contribué, pour une large part, à l'œuvre créée par son mari et à lui conserver toute sa splendeur.

Il faut rappeler aussi que, pendant la durée de la grande guerre, une partie de l'hôtel fut mise à la disposition de la Croix-Rouge pour y soigner les officiers français blessés.

Je tiens à le dire, tout le personnel de l'hôtel Ritz est, et a toujours été, exemplaire.

SIXIÈME PARTIE

La grande époque du Carlton
Londres (1899-1909)

Les débuts du Carlton

Nous étions en mars 1899, l'Hôtel Ritz à Paris, ouvert le 5 juin 1898, était en pleine prospérité. Chaque service marchait parfaitement, je quittai alors Paris pour Londres.

La construction du Carlton Hôtel terminée, il fallait sans plus tarder s'occuper de l'installation des différents services qu'exige un hôtel devant réunir toutes les conditions du confort le plus moderne.

Ici, César Ritz se montra, une fois de plus, digne d'être surnommé le « Roi de l'Hôtellerie ».

Personnellement, j'avais à m'occuper de l'installation des cuisines et de leurs dépendances.

Le Carlton Hôtel, ouvert le 1er juillet 1899, fut comme un bouton de rose qui, à peine éclos, a déjà tout son éclat. En effet, les ailes de ce nouveau-né poussèrent si rapidement qu'on vit partout éclore des « Carlton Hôtel ». Certes, le fumet des suprêmes de perdreaux au parfum de truffe et autres gourmandises, étaient aussi pour quelque chose dans le succès de ce nouveau temple de la gastronomie.

Mes vingt années passées dans cette maison furent consacrées à la recherche de nouveaux mets pour les plaisirs de la table, ce qui me permettait de pouvoir varier les « menus » et de satisfaire les amateurs de bonne chère, toujours à la recherche de nouvelles sensations gastronomiques.

L'ouverture du « Carlton Hôtel » coïncidait avec la déclaration de la guerre entre l'Angleterre et le Sud Africain, à propos des mines d'or du Transvaal. Il ne se passait pas de soirées où il n'y eût plusieurs tables retenues dans la grande salle du restaurant pour des dîners d'adieu offerts aux officiers, à la veille de partir pour le Transvaal.

Ces dîners, auxquels l'enthousiasme de ces jeunes officiers donnait une gaieté sympathique, étaient un présage de brillant avenir pour le Carlton. Les succès des premières heures ne firent que grandir ; le restaurant devint le rendez-vous du monde élégant, On y rencontrait, aux heures des dîners, la plus riche société anglaise et étrangère : princes et princesses, ducs et duchesses barons de la haute finance, membres du gouvernement, ministres, ainsi que le monde des arts, les gens de lettres, la grande presse, les brillantes étoiles du théâtre...

Il n'était pas rare, certains soirs, de voir sur les épaules de nos charmantes clientes plusieurs millions de bijoux, dont une lumière savamment tamisée augmentait heureusement l'éclat et donnait à la femme ce teint légèrement rosé qui la rend plus jolie.., C'était l'époque des beaux jours !

Les splendides dîners et soupers du Carlton contribuèrent à l'essor de la cuisine française à l'étranger et à faire connaître et apprécier les produits alimentaires de notre sol.

Les succès obtenus au Savoy Hôtel ne firent que s'amplifier au Carlton Hôtel. La majeure partie de nos clients nous suivirent à notre nouvelle maison. Notamment de brillantes étoiles de la scène dont j'ai eu maintes fois le plaisir de satisfaire les petits caprices.

Petite histoire de la Pêche Melba

Ce fut à l'occasion de l'ouverture du Carlton que parut pour la première fois sur un menu la « Pêche Melba ». Je connaissais déjà la gracieuse diva Nellie Melba[53] qui était descendue au Savoy en 1893 et 1896, alors qu'elle chantait à Covent Garden. J'avais eu le privilège de l'entendre au cours d'une représentation de Lohengrin.

Pour lui témoigner mon admiration et la remercier de cette soirée passée sous l'envoûtement de sa voix prodigieuse, servie par un réel talent d'actrice, je voulus lui réserver une surprise. Le lendemain de cette représentation, Mme Melba donnait à dîner à quelques personnes de ses amis. C'était là le prétexte à saisir.

Me souvenant du majestueux cygne mythique qui apparaît dans le premier acte de Lohengrin, je lui fis présenter, le moment venu, des pêches sur un lit de glace à la vanille, dans une terrine d'argent incrustée, entre les ailes d'un superbe cygne taillé dans un bloc de glace, puis recouvert d'un voile de sucre filé.

L'effet produit fut surprenant et Mme Melba se montra sensible à mon attention. La grande artiste que j'eus dernièrement l'occasion de revoir à l'Hôtel Ritz de Paris me reparla de la soirée des fameuses pêches au cygne.

Le succès de cette création fut rapide et décisif. Vingt-cinq années se sont écoulées depuis l'apparition de ce dessert, aujourd'hui de réputation mondiale. Malheureusement j'ai eu maintes fois le regret de constater que la vraie formule est trop souvent altérée.

La pêche Melba se compose de pêches tendres, mûres à point, de glace à la vanille, et de purée de framboise sucrée. Toute dérogation à cette règle nuit à la finesse de cet entremets. Certains prennent la liberté de remplacer la purée de framboise par de la fraise ou de la gelée de groseille. Ce faisant ils n'approchent guère de la saveur recherchée. Plus décevante est la désinvolture de rédacteurs qui, sans prendre la peine de s'informer, prétendent connaître la vraie recette et conseillent sans discernement de mêler à la purée de framboise de l'arrow-root ou autre farine pâteuse. D'autres suggèrent de décorer la pêche avec de la crème Chantilly, Les résultats obtenus ne conservent de la Pêche Melba que le nom et ne sauraient satisfaire en aucun cas le palais d'un connaisseur. Voici la recette originale de la Pêche Melba.

RECETTE ORIGINALE DE LA « PÊCHE MELBA »
(pour 6 personnes)

Choisir six pêches de qualité tendre et mûres à point. La pêche de Montreuil est tout indiquée pour ce dessert. Plonger les pêches pendant deux secondes dans de l'eau bouillante, les retirer aussitôt avec une écumoire et les jeter dans de l'eau contenant de la glace pilée ; les débarrasser de leur pelure ; les déposer sur un plat, les saupoudrer légèrement de sucre, les tenir au frais.

D'autre part, préparer un litre de glace à la vanille très crémeuse et 250 g de framboises très fraîches passées au tamis fin ; ajouter à cette purée 150 g de sucre en poudre. Tenir au frais.

Dressage

Garnir le fond d'une timbale d'argent avec la glace à la

vanille. Sur ce lit de glace, ranger délicatement les pêches et les masquer avec la purée de framboise. Facultativement pendant la saison des amandes, on pourra parsemer sur les pêches quelques amandes fraîches, effilées, mais ne jamais employer d'amandes sèches.

Présentation

Incruster la timbale dans un bloc de glace taillé à volonté, jeter sur les pêches un léger voile de sucre filé (le sucre filé est facultatif).

Nota : Le trempage des pêches dans l'eau bouillante, puis immédiatement dans l'eau glacée a pour effet de conserver à ces fruits, leur fraîcheur pendant de longues heures et éviter qu'elles noircissent. Ceci a une importance particulière dans le service des grands restaurants. Pourtant si les pêches débarrassées de leur pelure devaient être conservées jusqu'au lendemain, il faudrait les déposer dans une terrine et les recouvrir de sirop bouillant.

Le guide culinaire

C'est également à l'époque de l'ouverture du Carlton à Londres que parut la première édition de mon « Guide culinaire ».

Quelques années auparavant, j'avais soumis à Urbain Dubois[54] l'idée de faire ce livre pratique destiné aux futurs chefs de cuisine de grands restaurants. Guide dont le besoin s'imposait chaque jour davantage pour répondre au service rapide adopté par ces maisons. Dubois m'engagea vivement à réaliser ce projet mais, absorbé par de multiples occupations, ce ne fut qu'en 1898 que j'en jetai les premières bases.

Rappelé à Londres pour l'ouverture du Carlton, je remis à des temps plus calmes la réalisation de ce projet, que je ne pus mettre à exécution qu'en 1900, grâce aux encouragements des uns et à la ténacité de mes deux collaborateurs sans lesquels je n'aurais pu mener à bonne fin une telle besogne.

Je n'ai pas voulu faire de ce livre un ouvrage de luxe, une curiosité à reléguer dans une bibliothèque, mais un outil plus qu'un livre : un compagnon de tous les instants à tenir à portée de main.

Bien qu'il contienne plus de 5 000 formules nouvelles, je n'ai pas non plus l'audace de prétendre qu'il soit complet. Le serait-il d'ailleurs aujourd'hui qu'il ne le serait plus demain. Le progrès ne s'arrête pas en cours de route. Tout ce qu'on peut faire pour remédier à cette lacune, c'est de tenir l'ouvrage à jour, en l'augmentant, à chaque édition, d'apports nouveaux.

Ami de longue date d'Urbain Dubois et d'Émile Bernard (tous deux furent chefs de cuisine à la cour du roi Guillaume de Prusse), j'ai voulu placer ce livre sous leur patronage posthume car j'aurais manqué à un devoir sacré en ne rappelant pas le souvenir de nos ancêtres les plus célèbres.

Pour les cuisiniers contemporains, le nom prestigieux d'Urbain Dubois n'évoque plus que le souvenir des somptueux «dressages» révélés par la «Cuisine classique», la «Cuisine artistique» et les autres ouvrages qu'il publia de 1856 à 1903, soit seul, soit en collaboration avec Émile Bernard. Il faut hélas constater que cette cuisine grandiose est devenue impossible à réaliser de nos jours...

Il faut mettre aussi au premier des titres d'U. Dubois la part prépondérante qui lui revient dans l'adoption du service dit «à la Russe» (les plats présentés les uns après les autres au cours du service), en opposition à l'ancien service, dit «à la Française» (tous les plats servis en une seule fois au début du service). Les méthodes de service qu'il eut le mérite d'imposer durent, à leur tour, et de son vivant, céder le pas à de nouvelles méthodes correspondant mieux aux exigences de la clientèle moderne.

Représentants d'un art dont les modalités reflètent les tendances et les habitudes d'une époque, Urbain Dubois et Émile Bernard ont eu assez de clairvoyance pour discerner les besoins de leur temps, assez de courage pour rompre avec d'anciennes pratiques devenues désuètes, assez de persévérance et de ténacité pour en imposer de nouvelles plus en harmonie avec les nécessités du moment.

J'ai été amené moi-même, par la force des choses, à apporter de profondes modifications dans le service et à le mettre en rapport avec les nécessités de la vie ultra-rapide qui est celle de nos jours.

J'ai, par exemple, supprimé les « socles », créé de nouvelles méthodes de dressage simplifié, et pour appliquer ces méthodes, j'ai été amené à créer également un nouveau matériel.

Mais ce qui existera aussi longtemps que la cuisine elle-même, c'est le fonds de cette cuisine. En se simplifiant extérieurement, elle ne perd nullement de sa valeur. Alors que tout se modifie et se transforme, il serait absurde de prétendre fixer les destinées d'un art qui relève par tant de côtés de la mode et qui est instable comme elle.

En destinant mon « Guide culinaire » aux jeunes qui, dans vingt ans, seront à la tête de notre métier, c'est un devoir pour moi de leur recommander l'étude attentive des immortels ouvrages de nos grands maîtres, ainsi d'ailleurs que toutes les publications culinaires. Ainsi que l'exprime si bien le dicton populaire « On n'en sait jamais trop », plus on apprend, plus on s'aperçoit qu'on a besoin d'apprendre encore. L'étude ouvre l'esprit et fournit le meilleur moyen de se perfectionner dans la pratique de son métier.

À bord de « l'Amerika » avec Guillaume II

Au cours des années 1904-1906, la compagnie de navigation « Hambourg Amerika Line » avait construit son premier paquebot de luxe *Amerika* pour le service exclusif de la ligne Hambourg-New York.

L'aménagement de ce palais flottant réalisait le confort le plus moderne, appartements somptueux et suites, salle de restaurant, cuisine française, où les passagers de première classe pouvaient dîner à la carte, commander leur dîner à l'avance et choisir l'heure du repas à leur convenance. La cuisine se trouvant à côté de la salle de restaurant le service en était facilité. Une brigade de 10 cuisiniers sous les ordres d'un chef de cuisine veillait à la préparation des mets. Pendant le dîner un excellent orchestre faisait oublier aux passagers qu'ils voyageaient en plein océan.

La salle de restaurant avait été décorée élégamment par la maison Sormani[55], boulevard Haussmann, à Paris.

La Compagnie du Carlton à Londres, chargée du contrôle du restaurant, avait accepté que l'on baptisât cette salle : « Ritz Carlton Restaurant », qu'on y installât les divers services et qu'on y mit le personnel nécessaire.

Étant chef et directeur des cuisines de la Compagnie, je fus chargé de l'installation de la cuisine et des offices, et du choix du personnel.

Le premier voyage que devait faire *L'Amerika* était fixé au 19 juin 1906. Le 18 juin, veille de son départ de Cuxhaven[56], l'empereur d'Allemagne Guillaume II devait venir visiter le paquebot, et dîner à bord ; on me demanda donc de composer un menu digne de l'auguste visiteur.

Parmi les mets du menu figurait une « Mousse d'écrevisses ». Voulant faire traduire mon menu en allemand, le traducteur, arrivé au mot « mousse » et ne comprenant pas ce mot, trouva dans le dictionnaire que « mousse » voulait dire « petit matelot ». On me fit demander si je prenais les Allemands pour des anthropophage. Immédiatement je donnai l'explication du mot « mousse » qui, dans le cas présent, veut dire une chose mousseuse, expression très usitée en cuisine, dont le nom est féminin, tandis que, pour désigner un petit apprenti matelot, on écrit mousse au masculin. On dira donc, une mousse à la fraise, et un mousse pour petit matelot,

Après l'explication, j'ajoutai : « Si je vous avais servi un petit mousse bien tendre, ne croyez-vous pas qu'il aurait été plus appétissant que le vieux « bavarois », que depuis deux siècles nous rencontrons dans tous nos menus de table d'hôte ? » On rit de cette boutade et il fut décidé de laisser le menu en français.

À 7 heures précises, l'empereur et sa suite, de retour de Kiel, où ils avaient assisté aux régates, passaient à table. À peine assis, un des officiers de la suite dit à l'empereur « Votre Majesté a fait venir Escoffier de Londres, sait-elle qu'il a été prisonnier de guerre en 1870 et qu'il pourrait bien nous empoisonner ?... »

Je fus immédiatement averti de cette réflexion qui aurait pu avoir des conséquences déplaisantes pour moi... Quelques instants après, un grand diable d'officier vint à la cuisine, soit disant pour jeter un coup d'œil sur l'installation ; ce n'était certainement pas le but de sa visite, car aussitôt il me demanda s'il était vrai que j'avais été prisonnier en 1870.

«En effet, j'ai été en captivité au camp de Mayence, mais je ne suis pas venu ici pour vous empoisonner. Vous pouvez dîner tout tranquillement... Si un jour, votre pays cherchait de nouveau querelle à la France, et si mes forces me le permettaient, je ferais mon devoir. Pour l'instant, soyez sans inquiétude et que cela ne trouble pas votre digestion.»

Après le dîner, l'empereur voulut visiter la cuisine. Je le reçus avec tous les honneurs dus à son rang. Il se montra d'une grande amabilité. Il me mit de suite à mon aise et je répondis sans aucune gêne aux questions qu'il me posait. Il me dit : «Il paraît que vous avez été en 1870 prisonnier de mon grand-père», et me demanda ensuite où j'avais été fait prisonnier, où j'avais été interné et si j'avais été bien traité en captivité.

«Bien traité, ce n'est pas tout à fait le mot. Personnellement je n'ai pas eu trop à me plaindre, mais j'ai vu à côté de moi les inhumaines conséquences de guerres fratricides. Que l'on soit Allemand, Français, Anglais, Italien... Pourquoi les guerres? Quand on réfléchit aux crimes qui se commettent, aux veuves, aux orphelins, aux estropiés de la guerre, et à ces malheureuses femmes victimes de la brutalité de l'envahisseur, on ne peut s'empêcher de frémir d'indignation.»

L'empereur m'écoutait en souriant.

«Je regrette, dit-il, de ne pas avoir été là. Je vous aurais libéré.»

«Je suis très sensible aux sentiments de Votre Majesté à mon égard, mais il aurait fallu une circonstance providentielle pour que Votre Majesté puisse me rencontrer.»

Ensuite nous parlâmes cuisine. L'empereur prenait plaisir à me raconter la façon dont ses menus étaient composés. Pour le petit déjeuner du matin, il avait adopté la mode anglaise, café, thé, crème, œufs et lard grillé, rognons, chops, steaks divers, poissons grillés, fruits. À midi, déjeuner plus copieux, mais pour dîner des mets légers, ne chargeant pas l'estomac et favorisant les mots d'esprit toujours agréables en société.

Il était environ 10 heures quand l'empereur s'en alla et le lendemain matin, sitôt après le petit déjeuner, il descendit à terre pour rentrer à Berlin. Je lui souhaitai bon voyage et en me serrant la main, il me dit : « Au revoir et à bientôt ».

Menu servi à l'empereur Guillaume II :

Hors-d'œuvre Suédois

Potages

Consommé en gelée

Tortue claire

Suprèmes de sole au vin du Rhin

Selle de Mouton de pré-salé aux laitues à la grecque

Petits pois à la Bourgeoise

Poularde au paprika rose gelée au Champagne

Cailles aux raisins

Cœurs de romaine aux œufs

Asperges sauce Mousseline

Écrevisses à la Moscovite

Soufflé surprise

Friandises

Fruits

Pêches, fraises nectarines

Raisins muscats

Café mode orientale

Vins : Eitchbacher 1897

Château Fourteau 1888

Liedricher Berg

Anslese 1893
Château Rauzan
Ségla 1878
Veuve Clicquot
Ponsardin rosé
Heidseick & C° 1900
Fine Champagne
La Grande marque de l'Empereur[57]

L'invention des menus à prix fixes

À la suite de la conversation avec l'empereur, la « Cie Hambourg Amerika », de concert avec les directeurs du Ritz Carlton Hôtel, avaient décidé de faire diverses améliorations sur le *Deutschland*, d'établir un grill-room à l'avant du bateau. Ils désirèrent avoir mon opinion sur ce sujet. Pour cela je devais faire un voyage aller et retour sur ce paquebot : Southampton-New York. Enchanté de cette proposition j'effectuai ce voyage en mars 1907. Mon rapport ne fut pas favorable à la construction d'un grill-room à l'endroit prévu, en raison d'un fort tangage qui rendrait impossible d'y prendre un repas.

Le commandant du *Deutschland* auquel j'avais communiqué cette remarque fut de mon avis. Par contre le centre du paquebot était d'une stabilité merveilleuse. C'était mon premier voyage en mer, et à l'aller comme au retour, je n'ai pas manqué un seul repas dans la grande salle du restaurant, m'y trouvant aussi à mon aise que dans une salle de restaurant en ville. Ce voyage me permettait de passer huit jours à New York et d'y retrouver de nombreux amis.

Descendu au Knickerbocker Hôtel[58], nouvellement ouvert, j'y fus gracieusement invité par les propriétaires M. et Mme Regan. Ils étaient venus à Londres quelque temps avant l'ouverture de leur hôtel, pour recruter un personnel de choix. Descendus au Carlton Hôtel ils me chargèrent de leur procurer un bon chef de cuisine et des chefs de parties, ce que je fis avec plaisir. Pour leur être agréable, je leur cédai M. Gastaud, mon sous-chef au Carlton et quelques bons chefs de parties de ma brigade.

Je dois me féliciter de mon choix pour les compliments que je reçus de M. Regan qui était pleinement satisfait de M. Gastaud et de ses collaborateurs.

De retour au Carlton après trois semaines d'absence, les vacances de Pâques étant passées, la grande saison de Londres prit son essor. Les somptueux dîners et soupers donnés pendant les mois de mai, juin et juillet au restaurant du Carlton Hôtel, brillèrent de tout leur éclat et cela grâce à la sympathie et à l'amabilité de nos dévoués clients. Aussi je mis ma plus grande attention à faire apprécier les plaisirs de la table et à créer à leur intention des mets nouveaux. Ce qui les engageait à revenir plus souvent.

Les dîners à prix fixe, prévus pour quatre convives au moins, créés à notre arrivée au Savoy Hôtel, obtinrent de nouveau un grand succès au Carlton Hôtel.

Voici quelques-uns de ces menus à prix fixe et d'autres « royaux » accompagnés de quelques recettes.

Juin 1901

MENU À 12 SHILLINGS 6
(4 personnes)

Melon Cocktail

Velouté Saint-Germain

Truite de rivière Meunière

Blanc de poulet Toulousain

Riz pilaw

Noisette d'agneau à la moelle
Haricots verts à l'Anglaise
Pommes Byron
Cailles en gelée à la Richelieu
Salade romaine
Asperges d'Argenteuil au beurre fondu
Mousse glacée aux fraises
Friandises

Septembre 1901

MENU À 17 SHILLINGS 6
(8 couverts)

Grape fruit au Kirsch
Saumon fumé
Consommé Royal
Crème de champignons au curry
Timbale de sole Carlton
Whitbaits Diables
Jambon de Prague sous la cendre
Concombres au paprika rose
Mignonnettes de poulet en gelée
à l'Alsacienne
Grouse à la Broche
Bread sauce
Salade Rachel
Poires Montmorency
Macarons de Nancy

Juillet 1901

MENU À 15 SHILLINGS 6
(8 couverts)

Melon Cantaloup au Porto
Consommé en gelée Madrilène
Rossolnie à la crème
Turbotin au Chambertin
Noisettes de ris de veau favorite
Petits pois à l'Anglaise
Selle d'agneau de Galles poêlée
Laitues farcies à l'Orientale
Pommes de terre Anna
Suprêmes de volaille Jeannette
Salade d'asperges aux œufs
Pêches Melba
Gaufrettes Bretonnes

Décembre 1901

MENU À 1 GUINÉE
(20 couverts)

Caviar frais
Crêpes au blé noir
Huîtres natives
Tortue claire au Frontignan
Velouté Princesse Mary
Paillettes dorées
Homard Carmélita

Riz créole

Éperlans à l'Anglaise

Selle de chevreuil Grand Veneur

Crème de marrons

Sauce aigre-douce au raifort

Parfait de foie gras en gelée au Champagne

Punch à la Romaine

Poularde Périgourdine

Salade de laitues aux œufs

*Cœurs d'artichauts à la moelle
et pointes d'asperges au beurre*

Ananas glacé à l'Orientale

Mignardises gourmandes

Un repas royal
(menu et recettes)

Un dîner de gala fut servi au restaurant du Carlton Hôtel le 24 juin 1902, pour le couronnement de Sa Majesté Édouard VII roi d'Angleterre.

MENU

Caviar frais - Melon Cantaloup
Consommé aux Nids d'Hirondelles
Velouté Royal aux champignons blancs
Paillettes au parmesan
Mousseline de sole Victoria
Poularde Édouard VII
Concombres au curry
Noisettes d'agneau de Galles souveraine
Petits pois à l'Anglaise
Suprêmes de caneton de Rouen en gelée
Neige au Clicquot
Ortolans au suc d'Ananas
Blanc de romaine aux œufs
Cœurs d'artichauts Favorite
Pêches Alexandra

Biscuit Mon Désir
Mignardises
Café Mode Orientale
Les vins et liqueurs au choix des dîneurs

RECETTE DE LA MOUSSELINE
DE SOLE VICTORIA

Farce mousseline à la crème préparée de la façon suivante : un kilo de chair nette de sole, 5 blancs d'œufs, un litre et quart de crème très fraîche, 10 grammes de sel, 3 grammes de poivre blanc.

Traitement

Piler la chair de la sole avec l'assaisonnement et y ajouter les blancs d'œufs par petites parties. Passer au tamis fin, mettre la farce dans une sauteuse fraîchement étamée et la laisser reposer en pleine glace pendant deux heures.

Puis incorporer la crème petit à petit en la travaillant doucement avec une spatule en bois, jusqu'à incorporation complète de la quantité indiquée.

Les mousselines se moulent à la cuillère à potage comme de grosses quenelles ovales. Les mousselines se pochent comme les quenelles, mais elles exigent de grands soins. Étant couchées dans un plat à sauter beurre on les couvre avec de l'eau bouillante salée à raison de 10 grammes au litre ; puis le plat est couvert et on compte 12 à 19 minutes de pochage en maintenant l'eau en simple frémissement, surtout ne pas laisser bouillir !

Dressage

Égoutter les mousselines, les disposer en plat creux, les couvrir avec la garniture suivante : chair cuite de homard détaillée en dés, le 1/3 de son volume de truffes, également en dés, le tout enrobé d'une fine sauce à la crème au beurre de homard.

RECETTE DE LA POULARDE ÉDOUARD VII

Faire farcir une fine poularde avec 200 grammes de riz cuit pour pilaw, additionné de 130 grammes de parfait foie gras truffé, coupé en dés, la pocher dans un fond blanc de veau pendant 55 à 60 minutes suivant grosseur de la pièce.

Dresser la poularde

La napper de sauce suprême au curry additionnée par litre de sauce de 130 grammes de poivrons, tous coupés en dés. Servir en même temps une saucière de la même sauce et une garniture de concombre au beurre.
(Nota : On trouve ces poivrons rouges conservés en boîte de demi-litre).

RECETTE DES NOISETTES D'AGNEAU
DE GALLES SOUVERAINES

Sauter les noisettes au beurre clarifié, les dresser sur croutons frits au beurre ; les masquer de sauce béarnaise additionnée d'un quart de son volume de glace de viande, et autant de sauce tomate. Entourer les noisettes de petites pommes de terre forme olive, levées à la cuillère à légume et cuites au beurre.

RECETTE DES SUPRÊMES DE CANETON
DE ROUEN EN GELÉE AU FRONTIGNAN

Lever les deux suprêmes d'un beau caneton de Rouen rôti à point, tenu un peu saignant et froid ; diviser chaque suprême en trois escalopes, les ranger sur un plat, l'une à côté de l'autre ; les tenir au frais.

Piler les carcasses, les mettre dans une casserole avec

un petit verre d'armagnac et un verre de vin de Bourgogne, pas trop vieux. Faire réduire de 2/3 et ajouter 4 décilitres de sauce demi-glace, donner une ébullition de quelques minutes, passer au tamis, mettre la purée qui en résulte dans une terrine.

Faire vivement sauter au beurre le foie du canard qu'on aura eu soin de mettre en réserve, et 7 à 8 foies de volailles assaisonnés de sel, de poivre, épices, une petite cuillère d'oignon haché et persil. Passer les foies au tamis fin, mettre la purée qui en résulte dans une casserole et lui incorporer la sauce au vin de Bourgogne et 230 grammes de beurre très fin.

Travailler cette composition hors du feu et de la glace avec une cuillère en bois, de façon à obtenir une purée homogène et mousseuse.

En verser les 3/4 dans une coupe en cristal ou dans un plat carré, disposer dessus les escalopes de caneton, les masquer légèrement avec le restant de la purée de foies de volaille, disposer sur chaque escalope 3 cerises cuites pour compote. Recouvrir complètement avec une fine gelée au Frontignan. Tenir sur glace. Au moment de servir, mettre un plat de grandeur voulue, recouvert d'une serviette pliée, sur un fort lit de glace moulue en neige. Incruster le plat des suprêmes dans cette neige et servir.

RECETTE
DES CŒURS D'ARTICHAUTS FAVORITE

Choisir des artichauts de grosseur moyenne, très frais, retirer les trois premières rangées de feuilles dures, couper les autres horizontalement à la naissance des feuilles; ne retirer le foin contenu dans les cœurs qu'après cuisson, arrondir les fonds, les citronner et les cuire à l'eau salée, dans laquelle on aura délayé deux cuillères de farine.

Aussitôt cuits, les égoutter, retirer le foin contenu dans les cœurs, et les garnir de truffes coupées en petits dés, enrobées de sauce béchamel bouillante ; recouvrir d'une légère nappe de la même sauce, saupoudrer la surface de fromage râpé, arroser de beurre fondu.

Déposer les cœurs en rosaces sur un plat rond et les faire légèrement gratiner à la salamandre. Un joli bouquet de pointes d'asperges vertes liées au beurre, disposées avec symétrie sur chaque cœur, complétera l'harmonie exquise de ce mets.

RECETTE DES PÊCHES ALEXANDRA

Choisir des pêches mûres à point, à chair blanche ; les tremper pendant 3 secondes dans de l'eau bouillante, puis les plonger dans de l'eau glacée et les débarrasser aussitôt de leur pelure. Disposer les pêches dans une terrine, les arroser de Kirsch et Marasquin, les couvrir d'un sirop bouillant, les laisser refroidir.

Menus et recettes (suite)

Voici le menu d'un dîner servi à Monseigneur le Duc d'Orléans au Carlton Hôtel à Londres (10 couverts) en octobre 1905 au retour de son intéressante croisière au Spitzberg en 1904 à bord du yacht *Maroussia* :

Caviar perlé

Crêpes au blé noir

Consommé à la d'Orléans

Crème de champignons au paprika rose

Paillettes dorées

*Truite saumonée pochée au vin blanc de Touraine
accompagnée de queues d'écrevisses en coquilles
enrobée de sauce Béchamel et légèrement gratinée*

Selle de chevreuil Grand Veneur

Sauce Venaisone

Purée de patates douces

Haricots verts frais à l'Anglaise

Poularde Sainte-Alliance

Cœurs de romaine aux œufs

Asperges de serre au beurre fondu

Poires petit Duc
Sablés Viennois
Café Mode Orientale - Liqueurs
Vieille Chartreuse du Couvent
Grande Fine Champagne
Vins : Chablis 1902
Ch. Mouton Rothschild 1899
Moët & Chandon Dry Impérial 1900

RECETTE DE LA POULARDE SAINTE-ALLIANCE[59]
(Pour 8 convives)

Chauffer au beurre 8 belles truffes, soigneusement pelées, les assaisonner de sel et poivre frais moulu, les arroser d'un verre de vieux Madère : les laisser ainsi dans un ustensile hermétiquement couvert pendant 8 à 10 minutes.

Introduire ces truffes dans une belle et fine poularde, poêler celle-ci en temps voulu pour qu'elle soit prête juste au moment ou elle doit être servie. Lorsqu'elle est prête, cuire rapidement autant d'ortolans que de convives et sauter au beurre autant de tranches de foie gras, les envoyer à la salle, en même temps que la poularde, ainsi que le fonds de poêlage de celle-ci, passé dans un petit légumier à fond plat de façon à pouvoir facilement chauffer le jus qui doit être très chaud. Le maître d'hôtel, entouré de trois aides et muni d'un réchaud brûlant placé sur sa table de service, doit attendre la poularde dont il lève rapidement les suprêmes qu'il taille en escalopes. Il place chaque escalope sur une tranche de foie gras que le premier aide a déjà placée sur une assiette chaude, avec une des truffes mises dans la poularde. Le second aide, à qui l'assiette est passée aussitôt, ajoute un ortolan et une cuillerée de jus.

Le troisième aide place immédiatement les assiettes garnies devant les convives.

La poularde se trouve ainsi servie très rapidement et dans les conditions qui en font un mets de haute valeur gastronomique.

Nota : La dénomination de «Sainte-Alliance» adoptée pour désigner cette poularde, et dont Brillat-Savarin s'est servi dans sa «Physiologie» du goût pour désigner un toast fameux m'a semblé être celle qui convenait le mieux pour désigner une préparation où se trouvent réunis ces admirables joyaux de la cuisine qui sont le suprême d'une belle poularde, le foie gras, l'ortolan et la truffe.

Créée au Carlton Hôtel à Londres et servie pour la deuxième fois dans un dîner de 8 couverts offert à un des Maharajahs dévoués à l'Angleterre.

RECETTE DES POIRES PETIT DUC

Choisir des poires de Comice ou des poires duchesse, mûres à point, de grosseur moyenne, les peler, les cuire dans un sirop léger parfumé à la vanille, les laisser refroidir dans leur sirop.

D'autre part, on aura préparé une glace aux marrons à la crème légèrement parfumée au rhum ou Kirsch.

Dressage

Couvrir le fond d'une coupe en cristal de glace aux marrons. Sur ce lit de glace dresser en couronne les poires égouttées de leur sirop, masquer les poires de groseilles roses de Bar-le-Duc.

Dresser au centre un rocher de crème Chantilly.

Souper offert à Mme Sarah Bernhardt au Carlton à Londres, après la première représentation du «Roi de Rome» au Majesty Théâtre. Souper au Champagne Moët et Chandon, vin préféré de la Divine Sarah.

MENU
(6 couverts)

Caviar gris de Sterlet

Crêpes Mousseline

Consommé Madrilène en tasse

Paillettes dorées

*Soufflé au parmesan accompagné de crevettes roses
enrobées d'un fin velouté au paprika rose doux*

Mignonnettes d'agneau de lait Mireille

Émincé de truffes à la crème

Petits pois frais à l'Anglaise

*Suprêmes de poularde aux ortolans Sarah Bernhard
en gelée au Frontignan*

Salade Favorite

Mandarines glacées aux perles des Alpes

Frivolités féminines

Fruits

Raisins Muscats - Pêches du Cap

Café Moka - Liqueurs de France

Vins : *Chablis*

Château Lafite

Champagne Moët et Chandon

RECETTE DU SOUFFLÉ AUX CREVETTES ROSES AU PAPRIKA DOUX

Choisir 300 g de petites crevettes roses très fraîches et décortiquées ; les mettre dans une casserole avec une forte cuillerée de beurre, les chauffer légèrement et les enrober d'une fine sauce au paprika. Tenir au chaud.

D'autre part, on aura préparé un appareil à soufflé au fromage de parmesan, mis dans une timbale à soufflé de grandeur voulue et beurrée. Cuire le soufflé en temps voulu, servir à part et en même temps les crevettes tenues au chaud.

Facultativement, on pourra, au dernier moment, compléter la sauce des crevettes de deux cuillerées de crème fouettée.

MIGNONNETTES D'AGNEAU DE LAIT MIREILLE

Choisir des agneaux élevés au lait, à chair blanche et grassouillette. Tailler dans les carrés des mignonnettes côtelettes, deux par convive, les assaisonner de sel, les passer légèrement dans la farine, puis dans de l'œuf battu, et ensuite dans de la mie de pain blanche fraîchement préparée. Les tenir au frais.

ÉMINCÉ DE TRUFFES À LA CRÈME

Choisir de bonnes et belles truffes très noires, les peler avec soin, les couper en lamelles, les mettre dans une casserole évasée, avec une cuillerée ou deux, suivant la quantité, de lamelles de truffe, autant de fine glace de viande fondue, assaisonnement sel et poivre avec modération ; couvrir la casserole. Tenir en réserve.

Dressage

Un quart d'heure avant de servir, cuire les côtelettes au beurre clarifié. Faire chauffer les truffes pendant quelques secondes sur un feu très doux, leur ajouter 3 à 4 cuillerées de sauce Béchamel et assez de crème très fraîche et bouillante pour enrober les lamelles de truffes ; donner deux minutes d'ébullition.

L'important est que la crème soit très fraîche et n'ayant pas le moindre goût de fort.

Dresser les mignonnettes sur un plat très chaud, les masquer légèrement de la sauce suivante : faire fondre 3 cuillerées de glace de viande avec 3 cuillerées d'eau, faire bouillir pendant 2 à 3 minutes, lui incorporer 2 fois son volume de beurre très fin et un petit jus de citron.

Nota : Dans le cas où le beurre se séparerait de la glace de viande, il suffira d'ajouter une ou deux cuillerées d'eau bouillante pour remettre la sauce au point voulu de liaison.

Servir en même temps que les mignonnettes l'émincé de truffes et les petits pois à l'Anglaise.

SUPRÊMES DE POULARDE AUX ORTOLANS

Lever les deux suprêmes d'une poularde pochée dans un fond de veau blanc, composé d'un kilo de jarret de veau et d'un pied de veau, et refroidi ; diviser chaque suprême en quatre escalopes ; parer celles-ci en ovales et les masquer d'une sauce chaud-froid blonde ; mettre sur chaque escalope une belle lame de truffe. Tenir au frais.

D'autre part, choisir 12 ortolans très frais et très gras, les plumer, les nettoyer avec soin et les faire pocher pendant 6 à 7 minutes dans un fond de veau brun au champagne, les laisser refroidir dans leur cuisson.

Avec le fond de cuisson de la poularde et des ortolans préparer une gelée parfumée au vin de Frontignan.

Dressage

Couvrir le fond d'un plat carré, incrusté dans un bloc de glace, d'une légère couche de gelée ; dès que la gelée a pris corps, disposer sur cette gelée 8 lames de parfait foie gras taillées de la forme des escalopes, disposer une escalope de poularde sur chaque lame de foie gras et les intercaler d'ortolans. Couvrir complètement le tout avec la gelée préparée au moment de servir, placer le bloc de glace sur un plateau en argent recouvert d'une serviette pliée.

Nota : À défaut de plat carré en argent, on pourra le remplacer par une coupe en cristal.

En Angleterre, pendant la saison, on peut toujours se procurer de très beaux ortolans vivants.

SALADE FAVORITE

Composée de deux tiers de bouts d'asperges, d'un tiers de fonds d'artichauts fraîchement cuits et émincés, de quelques champignons de couche très frais pelés et émincés. Assaisonnement : 4 cuillerées d'huile d'olive douce, une cuillerée de vinaigre de vin, sel, poivre, une cuillerée de paprika doux et deux jaunes d'œufs durs passés au tamis, le tout bien mélangé. Dresser dans un saladier ou coupe de cristal.

MANDARINES AUX PERLES DES ALPES

Choisir autant que possible des mandarines avec feuilles et à peau épaisse pour pouvoir les vider facilement.

Enlever le dessus de la mandarine avec un emporte-pièce de façon à laisser la queue, à laquelle doivent adhérer deux feuilles.

Au moment de servir, garnir l'intérieur des mandarines de glace à laquelle on mêle de petits bonbons à la Chartreuse verte. Les recouvrir avec le rond enlevé. Dresser les mandarines sur un plat rond couvert d'une serviette et d'un lit de glace moulue en neige, qu'on entoure d'un léger feuillage vert.

SEPTIÈME PARTIE

La consécration : œuvres et voyages
1909-1930

Mon jubilé professionnel
1859-1909

Mes amis et collègues de Londres, désirant fêter mon cinquantenaire de travail, formèrent un comité d'organisation pour donner à cette fête le plus d'éclat possible.

À mon insu, une souscription fut ouverte, dont les sommes seraient attribuées à l'achat d'un objet d'art, qui me serait offert en souvenir.

La souscription étant close, M. Espezel, membre du comité, vint, tout heureux, m'en annoncer le résultat : 6 000 F environ, et me demander de la part du comité ce qui pourrait me faire le plus plaisir.

Je répondis sans hésitation que je serais le plus heureux des hommes si le comité voulait bien verser cette somme à la Maison de Retraite de Duguy, fondée par M. Marguery au bénéfice de nos vieux collègues privés de ressources.

« Ce sera pour moi un grand bonheur de savoir que votre généreuse pensée à mon égard aura servi à soulager l'un des nôtres, en lui assurant un lit et du pain pour ses vieux jours. »

À la souscription faite par mes collègues, j'ai tenu à joindre ma contribution, sous forme d'une valeur à lots de Panama, dans l'espoir que la chance d'un gros lot puisse améliorer le sort de nos vieillards.

La Maison de Retraite de Duguy n'existe plus aujourd'hui, mais elle est remplacée par la Fondation Mourier à Corneilles en Parisis.

Le 23 octobre 1909, le soir de la fête de mon jubilé au restaurant Monico, les tables étaient dressées d'un bout à l'autre de l'International Hall et occupées par de nombreux souscripteurs.

Au dessert, après avoir bu à la santé du roi, à la famille royale, et au président de la République Française, M. Tresneau prononça les paroles suivantes :

« Lorsque l'an dernier, dans cette même salle, un toast vous fut porté comme au plus réputé champion de l'art culinaire français, vous nous avez confié votre intention de nous inviter cette année-ci à fêter avec vous votre jubilé professionnel.

« Or, dès ce moment, il nous parut qu'il serait dans l'ordre des choses que ce fût à nous, c'est-à-dire vos ouvriers et vos collègues, à vous apporter leurs félicitations et à vous dire toute la reconnaissance qu'ils vous doivent, pour avoir porté si haut et si loin, par un demi-siècle de labeur, le renom de notre vieille cuisine française.

« Parmi tant de grands noms du monde culinaire qui ont illustré la fin du XIXᵉ siècle, et le commencement de celui-ci, vous vous êtes créé une place à part : la première, et ceci par un travail acharné, une recherche inlassable des ressources nouvelles à l'aide desquelles notre profession peut se renouveler, se développer, satisfaire les exigences de clients de plus en plus difficiles, parce qu'ils sont de plus en plus gâtés.

« Il n'est pas une question, dans ce domaine si complexe de l'alimentation, que vous n'ayez fouillée, approfondie, scrutée avec l'attention et le soin que vous apportez à toutes choses.

« Et c'est ainsi, presque à votre insu, que votre nom grandissait, s'élevait en même temps que votre réputation s'étendait dans le monde.

« Grâce à l'essor que vous avez donné à la cuisine française, celle-ci s'est de plus en plus répandue dans ce pays et par toute la terre, procurant du travail à de nombreux ouvriers qui sans vous n'eussent peut-être jamais obtenu les situations qu'ils ont aujourd'hui. D'autres enfin vous sont redevables d'avoir mis à leur portée, par vos livres, les principes qui servent de base à la cuisine moderne, et d'avoir ainsi permis aux ouvriers qui n'ont pas eu le bonheur de travailler sous vos ordres, de pouvoir néanmoins suivre les progrès que vous avez apportés à notre art. »

Dans ma réponse improvisée, je dis combien j'avais été touché de la sympathie et de l'amitié qui venaient de m'être témoignées. C'était pour moi la récompense de mes efforts au cours d'un demi-siècle, qui avait abouti à cette consécration de mon jubilé.

J'ai fait ensuite un bref résumé de ma carrière, reconnaissant que j'avais parfois essuyé des critiques. Mais j'ai fait remarquer que les critiques démolissent facilement, sans jamais proposer un moyen de faire mieux que ce qu'ils critiquent. Je sais qu'il faut mesurer les choses et les propos à leur juste valeur et ne se souvenir que des parties gagnées.

J'ai rappelé que j'entendais souvent dire que la cuisine était en décadence et que je constatais que ce genre d'affirmation venait généralement de personnes que le besoin de parler entraîne à traiter de problèmes dont ils n'ont pas la moindre notion.

J'ai affirmé que loin d'être en décadence, la cuisine s'enrichit constamment. Il est vrai que nos estomacs n'ont pas la même capacité d'absorption que ceux des générations précédentes, mais que nous sommes là pour pourvoir au changement et nous adapter à l'évolution des mœurs. Et j'ai fait part de ma conviction que le cuisinier d'aujourd'hui n'a rien à envier à ses devanciers[60].

Les toasts une fois prononcés, une magnifique coupe d'argent me fut offerte au nom du Conseil d'administration du Carlton Hôtel.

Un grand sujet : l'extinction du paupérisme

Au début de l'année 1910, je publiai un petit opuscule sur un projet d'assistance mutuelle pour l'extinction du paupérisme[61], la plupart des théories socialistes, même les plus exagérées, reposant sur une base indiscutable et juste. Mais aucun des grands apôtres modernes n'a trouvé une formule comparable à celle qui révolutionna l'Ancien Monde : « Aimez-vous les uns les autres ».

Si tous les hommes étaient pénétrés de leurs devoirs, cette belle maxime serait d'une application courante, et la misère n'existerait plus ; déjà les bienfaits de la mutualité ont heureusement modifié les conditions sociales ; mais il faut bien reconnaître que les plus déshérités ne peuvent en aucune façon participer à ces bienfaits. C'est à ceux-là qu'il faut penser, c'est pour eux que nous devons prévoir.

Or, il est possible actuellement d'organiser un service de prévoyance qui fonctionnera d'une façon normale sans grever outre mesure un budget déjà beaucoup trop lourd, et qui permettra d'assurer l'existence de tous les braves gens qui, au cours d'une vie active et laborieuse, n'auront rien pu économiser pour leurs vieux jours.

Pour cela tout est encore à créer et même à concevoir ; car l'infime retraite proposée l'an dernier par nos Chambres de Commerce ne pourra évidemment apporter qu'un très léger adoucissement au sort des vieillards usés à la tâche.

Ce n'est pas une aumône que nous devons aux invalides du travail, mais bien une retraite, assimilable à tous égards à celle que nous servons à nos anciens soldats. Qui donc oserait contester aujourd'hui que les ouvriers sont des serviteurs du pays au même titre que les fonctionnaires ? La plupart d'entre eux n'auraient-ils pas préféré être attachés, eux aussi, à une puissante administration qui, pour un travail moins pénible et plus régulier, plus rémunérateur aussi, leur eût assuré une vieillesse heureuse ? Ils se virent tenus à l'écart soit pour n'avoir pas reçu l'instruction qui leur était due, soit pour avoir manqué des recommandations politiques qui ont toujours un poids si considérable dans nos administrations, soit enfin qu'ils fussent doués de cet esprit d'indépendance qui est la plus belle qualité de notre race française. Faut-il donc qu'ils pâtissent jusqu'à leur dernier souffle de n'avoir pas reçu d'instruction, de n'avoir pas quémandé la protection des puissants du jour, ou d'avoir eu assez confiance en leurs propres forces pour ne pas aliéner leur jeunesse et leur liberté ? Il n'y a aucune raison avouable pour ne pas attribuer à tous les anciens travailleurs une retraite qui leur est aussi légitimement due qu'aux anciens employés de l'État. Ils ont, comme eux, un titre qui dispense de tous les autres, celui d'appartenir à l'humanité.

Ceci étant bien établi, il serait donc naturel que la retraite des vieillards fût créée d'office et que les fonds nécessaires fussent prélevés sur le Budget, comme ceux des retraites militaires et administratives. Je prévois toutes les objections, dont la première et la seule sérieuse consiste dans les charges écrasantes que cette innovation entraînerait. Pourtant, le pays qui consacre plus d'un milliard chaque année à ses forces militaires et navales, devrait pouvoir, en bonne logique, assurer une vieillesse tranquille à tous ses enfants, qui lui donnent sans regrets leurs plus belles années, et même leur vie quand il la leur demande !

Mais, au fait, ne se rend-on pas compte en haut lieu que ces milliards annuels, consacrés par chaque pays aux exigences de la «paix armée», ces milliards, qui s'accroissent sans cesse d'un bon nombre de millions, ne tarderont guère à causer de telles surcharges d'impôts aux populations que certaines puissances se trouveront nécessairement acculées à la guerre?

Les belles protestations d'un pacifisme exagéré n'ont à mon avis aucune importance car, quand bien même le chef d'un grand pays serait obstinément pacifique, il ne saurait en aucune façon empêcher les choses de suivre leur cours fatal : la faim qui ferait sortir le loup du bois fait aussi sortir l'épée du fourreau. Et de même que le loup n'a pas besoin d'arguments pour dévorer l'agneau, certains diplomates n'ont besoin d'aucun différend pour décréter les tueries : il leur suffit de commettre un faux (voir télégramme truqué en 1870).

Et pourtant, à côté des pacifistes bruyants, il ne manque pas aujourd'hui, dans tous les pays du monde, d'hommes sages et conscients des droits de l'humanité qui aspirent très sincèrement à une entente définitive entre tous les peuples. Ceux-là forment très probablement la majorité de toutes les assemblées délibératives; en tous cas ils en forment assurément l'élite.

Pourquoi donc n'essaierait-on pas de jeter enfin les bases de cette belle Confédération européenne[62] dont les plus grands apôtres de la pensée humaine n'ont cessé depuis un demi-siècle de proclamer la nécessité?

Les intérêts vitaux de tous les pays sont aujourd'hui les mêmes; chacun d'eux aspire avant toute chose à la paix, non pas cette «paix armée» qui n'est qu'une hypocrite préparation à la guerre, mais une paix sincère et définitive.

Il fut un temps où les hobereaux de deux villages voisins mettaient tout à feu et à sang pour soutenir ce qu'ils appelaient leurs droits. Plus tard, ce furent deux provinces voisines qui se déclarèrent des guerres stupides et acharnées. Enfin, les provinces s'étant réunies pour former des nations, ce furent ces nations qui se battirent contre leurs rivales. Et nous en sommes encore là, dans un siècle où les progrès merveilleux de l'industrie ont depuis longtemps aboli les distances, à une époque où les voyages sont devenus si faciles et si fréquents que chaque pays semble n'être que le prolongement des autres. Pourquoi donc ne pas s'unir pour ne plus former qu'un seul grand pays, sans rien changer par ailleurs aux constitutions que les peuples divers se sont librement données? On en viendra là nécessairement, dans un avenir assez rapproché; mais peut-être seulement après avoir subi la plus absurde et la plus épouvantable des guerres. Pourquoi donc la voix de la sage raison ne se fait-elle pas entendre dès à présent? Les milliards dépensés en pure perte assureraient partout le repos et le bonheur à la vieillesse et apporteraient aussi une immense amélioration au sort des travailleurs.

L'incendie du Carlton
1912

En juillet 1910, la construction du Ritz-Carlton Hôtel à New York étant sur le point d'être achevée, je devais m'occuper de l'installation des cuisines et du recrutement d'une brigade sous les ordres d'un chef à la hauteur de sa tâche.

L'ouverture devait avoir lieu fin novembre et je devais me rendre à New York un mois auparavant pour prendre la direction du dîner, m'assurer que la brigade de cuisiniers, pâtissiers, confiseurs, glaciers était au complet, et que tout allait bien.

Le dîner inaugural de ce nouveau Palace eut un retentissement dans toute l'Amérique, par suite d'un fait qui mérite d'être rappelé.

Jusqu'à ce jour, même après dîner, on n'avait jamais fumé dans une salle où l'on dîne. Or, ce soir-là, les dîneurs passèrent outre à cet usage ancien... Ce fut un scandale, le lendemain tous les grands quotidiens publiaient en « manchette » le « Scandale du Ritz Hôtel ».

Depuis lors, le temps a bien modifié les choses ; non seulement on fume après avoir dîné, mais, ce qui est déplorable, on fume en mangeant. On devrait baptiser ces dîners où l'on fume en savourant un mets « dîner à la nicotine ». Fatalement chaque mets depuis le hors-d'œuvre jusqu'au dessert doit avoir la même désagréable saveur.

Pendant mes six semaines de séjour à New York, la société du Ritz Carlton, venant de prendre la direction du Grand Hôtel à Pittsburg et des réformes devant y être faites mettre les cuisines en ordre, former une nouvelle brigade de chefs et chefs de partie, etc., je fus obligé d'aller à Pittsburg pour me rendre compte de la situation et voir les améliorations les plus pressantes qu'il y avait lieu de faire. Ce ne fut pas très long, quinze jours après ma visite, le chef que j'avais désigné et ses collaborateurs prenaient possession de la cuisine.

Le plus agréable souvenir de cette période est d'avoir retrouvé à New York Mme Sarah Bernhardt, la grande tragédienne adorée du peuple américain, avec laquelle, en compagnie de son docteur, j'ai eu l'honneur de déjeuner plusieurs fois à l'Hôtel Marie-Antoinette où elle habitait.

C'est pendant l'un de ces déjeuners que je lui demandai le secret de cette énergie qui faisait l'admiration de tous, et qu'elle conservait intacte, comme au temps de sa prime jeunesse.

« Mon cher Escoffier, vous êtes bien curieux, me répondit-elle. Il y a des secrets qui naissent avec la femme et qui disparaissent avec elle.

— Mais n'y a-t-il pas chez vous un peu d'égoïsme à garder jalousement ces secrets ?

— « Oui et non, dit-elle. Mais si la nature vous a favorisé de certains dons, il faut avoir la force de se dire : « Je veux » et surmonter courageusement tous les obstacles qui peuvent surgir. Je vous attends à déjeuner dimanche prochain. Je vous divulguerai alors mes petits secrets. »

Le dimanche suivant, — je venais justement de recevoir un excellent pâté de foie gras de Strasbourg — c'est en savourant ce trésor des produits français que la plus aimable des femmes me confia son secret, bien simple d'ailleurs : le principal élément, c'est la volonté, soutenue par un excellent champagne... Mme Sarah Bernhardt pre-

nait régulièrement à chacun de ses repas une demi-bou-
teille de « Moët et Chandon », et elle me dit que l'effet de
la mousse champenoise agissait sur elle d'une façon merveilleuse.

Nous étions à la veille des fêtes de Noël. Le 27 décembre
je prenais le grand paquebot *Lusitania* de la Compagnie
Cunard et c'est en plein océan qu'on organisa un réveillon
pour dire adieu à l'année écoulée et saluer l'aurore de
l'année nouvelle.

Le 4 janvier 1911 je quittai le bateau à Liverpool et me
retrouvai le soir à Londres.

C'est au printemps 1911, après mon retour des États-
Unis, que je fondai, à Londres, une revue intitulée *Le Carnet
d'Épicure*.

Mon but, en publiant une revue française à l'étranger,
était de contribuer au développement du tourisme en
France : faire mieux connaître nos plus beaux sites, nos
monuments historiques, nos musées, et aussi les meilleurs produits de notre sol et l'art de les accommoder.

Non seulement je traitais de la cuisine française, de nos
vins et fines liqueurs, mais aussi de tout ce qui est relatif
à la « table », argenterie, cristaux, verrerie, porcelaines
diverses, nappes et serviettes, éclairages, fleurs, mais
aussi des mille petites fantaisies qui complètent la toilette
de la femme, dont nos grands couturiers et modistes ont
le secret[63].

Mon idée, telle que je l'avais conçue pouvait avoir,
bien dirigée, un brillant avenir. Les prix de publicité
dans la revue permettaient à tous les commerçants de
faire connaître leurs produits, même ceux à la portée
des petites bourses.

Le *Carnet d'Épicure*, né au printemps 1911 avait pris un
essor considérable lorsqu'en juillet 1914, la déclaration de
guerre de l'Allemagne à la France m'obligea à en sus-
pendre le tirage. Le dernier numéro parut le 5 août 1914.

Les quatre années de guerre ne me permirent pas de continuer cette œuvre en faveur de la France.

*

J'ai retrouvé dans mes papiers cet article de journal qui relate l'incendie du Carlton Hôtel où je me suis trouvé en grand danger.

Nos lecteurs ont appris par la presse quotidienne le désastre qui vient de se produire au Carlton Hôtel. Le mercredi 9 août, à 7 h 20 du soir, un violent incendie se déclara dans l'ascenseur des cuisines. À ce moment précis, notre rédacteur en chef prenait congé de M. A. Escoffier, qui remontait dans ses appartements du cinquième étage par un autre ascenseur.

Le feu se communiqua aux étages supérieurs avec une rapidité inouïe. Quelques instants plus tard, le toit de l'hôtel était en feu : l'ascenseur qu'avait pris M. Escoffier fut envahi par les flammes presque aussitôt qu'il l'eut quitté.

Pendant près d'une demi-heure tous les témoins de la catastrophe éprouvent une terrible angoisse : il semble à peu près impossible que M. Escoffier et les 15 ou 20 personnes qui se trouvent comme lui au-dessus du quatrième étage puissent s'échapper de la fournaise qui, de minute en minute, prend des proportions effrayantes.

Les secours arrivent bientôt de toutes parts. Une foule innombrable envahit les grandes artères qui aboutissent au Carlton, Le Pall Mall Haymarket et même Trafalgar Square sont littéralement bondés. Et la même pensée angoissante anime cette foule immense.

Vers huit heures, on peut voir enfin M. Escoffier et les autres « rescapés » descendre l'échelle de fer qui longe le « His Majesty's theater », mitoyen du Carlton Hôtel. L'heureux sauvetage fut salué par les applaudissements de ceux qui en furent témoins. Il y avait dans ces applaudissements, à la lueur sinistre de l'incendie, quelque chose de si émouvant et de si tragique à la fois, qu'il est impossible de l'oublier.

Les deux étages supérieurs du Carlton Hôtel furent entièrement détruits et tout le reste de l'Hôtel fort endommagé par les trombes d'eau que cinquante pompes très puissantes ne cessèrent de déverser pendant plus de quatre heures.

À une heure du matin, il nous fut enfin possible de pénétrer, par le grill room inondé, dans le salon resté à peu près indemne. Nous y trouvâmes M. Escoffier entouré de ses principaux collaborateurs. Les pertes matérielles — qui dépassaient pourtant deux millions de francs, M. Escoffier les envisageait avec toute la philosophie qui le caractérise : « Que voulez-vous — me dit-il — j'ai fait rôtir tant de millions de poulets depuis douze ans dans cet hôtel, peut-être ont-ils voulu se venger en me faisant rôtir à leur tour !... Ils n'ont réussi qu'à griller mes plumes ! J'en serai quitte pour renouveler ma garde-robe.

Bien que toutes les chambres aient été endommagées, le Carlton Hôtel a pu rouvrir quelques jours plus tard. Mais exclusivement pour le restaurant. Voici d'ailleurs le premier menu qui fut servi à la réouverture.

Melon fine Champagne

Consommé de volaille froid

Soles Coquelin

Selle d'agneau aux aubergines

Riz à l'orientale

Grouse à l'Écossaise

Salade verte

Fonds d'artichauts aux fines herbes

Soufflé glacé aux framboises

Friandises

Le « dîner d'Épicure » : un hommage à Sarah Bernhardt[64]

Tous les journaux du monde ont parlé de notre premier « Dîner d'Épicure ». Ce fut, bien au-delà de nos espérances, la plus belle et la plus grandiose manifestation en l'honneur de la cuisine française qui se soit jamais produite.

Le téléphone et le télégraphe en transmirent le soir même les moindres détails aux quatre coins du globe, toute la presse mondiale les enregistra le lendemain dans un bel élan d'enthousiasme.

Nous nous bornerons donc à noter quelques menus faits restés inédits, quelques impressions de notre dîner de l'Hôtel Cecil qui fut, en cette inoubliable soirée, le centre gastronomique de l'Univers.

Nous avions compté sur une centaine de convives ; et quand on songe que notre *Carnet d'Épicure* n'avait pas encore un an d'existence, et notre « Ligue des gourmands » pas même trois mois, on conviendra qu'il eût été présomptueux d'espérer mieux.

Et pourtant, nous étions près de trois cents au Cecil ; et, le même jour, dans trente-sept villes d'Europe, le même « dîner français » était servi aux adhérents de notre jeune Ligue ; si bien qu'il y avait par le monde, à la même heure, en présence du même menu, plus de quatre mille gourmands à table !

La plus franche cordialité ne cessa de régner pendant ce dîner qui fut à la fois grandiose et familial. Le menu, que j'avais composé, reçut naturellement un accueil chaleureux de la part de tous les convives.

Nous étions à peine à table, quand parvint le premier télégramme : c'était celui de Sarah Bernhardt.

Notre ami Bizeray, debout sur une chaise, lut la dépêche :

> Je suis là, parmi vous ; je prends part à cette jolie fête si française ; mes deux mains se tendent vers notre grand poète Richepin, vers mon cher ami Escoffier, vers vous, Gringoire qui chantez si joliment les fruits et les fleurs, vers vous tous enfin, amis de la poésie et délicats gourmets des réalités.

> SARAH BERNHARDT

Mais d'autres télégrammes arrivaient. Entre autres un de Jean Richepin qui produisit un nouvel accès d'enthousiasme quand Bizeray, debout cette fois sur la table, lut :

> Vivent les dîneurs et les dodineurs auxquels de tout cœur je me joins pour glorifier le véritable grand art que fut et doit rester notre cuisine, cette rose unique arrosée par les vins de France.

> JEAN RICHEPIN

Les vivats redoublèrent ; les journalistes qui étaient venus là n'étaient pas les moins enthousiastes, car ils ne se doutaient pas que les deux gloires les moins discutées de l'art et de la poésie participeraient avec une telle ferveur à cette grande fête culinaire.

Voici le menu du Dîner d'Épicure :

Hors-d'œuvre Mignon
Petite marmite béarnaise
Truite saumonée aux crevettes roses
Dodine de canard au Chambertin

Nouilles fraîches au beurre noisette
Agneau de Pauillac à la Bordelaise
Petits pois frais de Clamart
Poularde de France à la gelée à la d'Orléans
Cœurs de romaines aux pommes d'amour
Asperges d'Argenteuil
Sauce Divine
Fraises Sarah Bernhardt
Mignardises
Café mode Orientale
Les plus fines liqueurs
Vins : Chablis Moutoune 1902
Chambertin Clos de Bèze 1887
Champagne Veuve Clicquot
Dry England 1900

DODINE AU CHAMBERTIN

Choisir un beau canard de Rouen, bien en chair, le nettoyer soigneusement, le vider, mettre son foie en réserve, assaisonner l'intérieur du canard de sel et de poivre et de quelques gouttes de bon Armagnac, le brider, le faire rôtir en le tenant saignant, le laisser refroidir à moitié; enlever les deux côtés de la poitrine, les tenir en réserve dans un plat couvert; chaleur très douce. Avoir soin de placer ces morceaux de manière que les parties extérieures se trouvent en dessous; ce petit détail a son importance; il permet de conserver tout le sang contenu dans les chairs. Retirer le croupion qui doit être complètement rejeté, détacher les cuisses, on ne s'en servira pas pour la dodine, mais elles seront utiles pour la confection d'un autre plat. Piler vivement les carcasses du canard.

Pour un canard mettre dans une casserole un grand verre de Chambertin, pas trop vieux, deux petits verres de cognac, deux échalotes hachées, un soupçon de noix de muscade râpée, une demi-feuille de laurier et une pincée de poivre mignonnette; faire bouillir pendant quelques minutes; ajouter alors les carcasses pilées et le 1/3 d'un litre de sauce demi-glace additionnée d'un fond de veau brun très réduit. Faire bouillir pendant 12 à 15 minutes, puis passer avec pression à la passoire fine. Remettre la sauce dans une casserole, donner une minute d'ébullition et tenir au chaud sans bouillir; mettre sur la surface de la sauce quelques parcelles de beurre fin de façon à éviter la formation de peaux qui pourrait se produire.

Prendre le foie du canard mis en réserve, y joindre si possible deux autres foies de canard, à défaut les remplacer par deux foies de poulet soigneusement débarrassés du fiel, les assaisonner de sel et de poivre, les faire vivement sauter au beurre, à peine saisis, les passer au tamis fin, mêler la purée qui en résulte à la sauce tenue au chaud.

Pendant ce temps, on aura préparé un fin ragoût composé de lamelles de truffes, cèpes émincés, sautés au beurre, crêtes de coq braisées et rognons de coq rissolés au beurre, enrober cette garniture de la sauce tenue au chaud.

Dressage de la dodine

Dans un plat en porcelaine, légèrement creux et de forme ovale, muni de son couvercle, le plat très chaud; dresser les poitrines de canard escalopes chacune en 3 ou 4 morceaux suivant la grosseur de la bête, les entourer du savoureux ragoût bien chaud. Pendant la saison des foies gras frais, on pourra enrichir d'une escalope sautée au beurre par convive. Couvrir le plat et servir vivement.

Nota : Suivant l'élément en préparation on pourra à volonté varier la garniture.

LES FRAISES À LA SARAH BERNHARDT
(8 à 10 convives)

Choisir 3 à 4 livres de belles fraises de serre ; leur retirer le pédoncule ; en mettre les 2/3 des plus belles dans une terrine émaillée ; les saupoudrer de sucre, les arroser de 5 à 6 petits verres de vieille cure, tenir la terrine sur glace. Passer au tamis fin le restant des fraises, ajouter 250 g de sucre en poudre à la purée qui en résulte et la mêler aux fraises.

D'autre part, préparer avec un ananas de conserve une pulpe d'ananas de la façon suivante :

Au moyen de deux fourchettes dont l'une sert à maintenir l'ananas et l'autre à arracher la chair du fruit. Mettre cette pulpe dans une terrine, la saupoudrer de 250 g de sucre et tenir sur glace.

On aura préparé d'avance un litre et demi de fine glace à la vanille et 3/4 de litre de crème Chantilly bien ferme.

Dressage

Dans une coupe en cristal de grandeur voulue, couvrir le fond d'un lit de glace à la vanille, sur la glace disposer les fraises et mêler à la purée de fraises la crème Chantilly.

Couvrir les fraises avec la pulpe d'ananas et celle-ci avec la crème Chantilly à la purée de fraises. Le mélange de ces deux éléments donnera l'illusion d'un beau coucher de soleil.

Jeter sur ce délicieux dessert un léger voile de sucre filé.

À PROPOS DU MOT « DODINE »

Un moine de Bergerac, Blaisius Ambrosius, est l'auteur d'un manuscrit (1583), qui se trouve dans la bibliothèque du château d'Ambelle et qui traite de la poterie culinaire de tous les âges. Il y mentionne les « dodines » ou terrines, dans lesquelles on faisait cuire les aliments au four et sous la cendre. C'était un tuilier de Périgueux, Pierre Loujou qui, à l'époque, avait acquis une certaine célébrité dans leur fabrication.

Les dodines pouvaient résister à la plus grande chaleur sans se casser. On en fabriquait de deux à trois pouces d'épaisseur de toutes dimensions. On y faisait cuire la hure de sanglier. Il devait même en exister de fort grandes puisque les charbonniers des bois de Verteillac, ayant attrapé un loup-garou, l'avaient enfermé dans une dodine qu'ils placèrent au milieu du bûcher.

Ils revinrent le lendemain pour voir si leur loup-garou était bien cuit. Lorsqu'ils retirèrent la dodine des cendres, le couvercle sauta et à leur grande stupeur, le loup s'échappa en poussant des hurlements affreux qui les glacèrent de terreur. Trois d'entre eux moururent sur le coup et les autres restèrent paralysés pour le reste de leurs jours.

C'est que, ajoute Blaisius Ambrosius, le loup-garou n'est autre que le Diable sous une de ses nombreuses métamorphoses. Aucun canard au monde n'aurait pu sortir vivant de cette dodine.

La dodine n'est pas restée seulement le nom d'une terrine ; on le donna aussi à ce qu'elle contenait.

Dans le « Viandier » de Taillevant, maître-queux du roi de France Charles V, se trouve mentionné pour la première fois le mot « dodine », mais il existait sans doute depuis fort longtemps.

Tous les ouvrages de cuisine, antérieurs au XVIIe siècle, donnent les mêmes recettes que le « Viandier » dont le manuscrit date de 1380.

Bien que la Dodine Rouge ne soit en réalité qu'un salmis, il serait intéressant de faire revivre ce nom plaisant dans nos menus, même si les recettes d'autrefois n'ont plus qu'un intérêt documentaire. Mais, si la cuisine française a fait son chemin depuis Pierre Pidoux[65], nous n'en devons pas moins respecter ces cuisiniers d'une autre école puisque notre art culinaire actuel découle de leurs essais, fussent-ils rudimentaires à nos yeux.

La désignation : Dodine, n'était pas exclusive au salmis de canard. Elle s'appliquait à tous les oiseaux, volailles ou gibiers. Il y avait la Dodine Rouge au vin de Suresnes, et la Dodine Blanche au lait.

J'ai donc voulu réactualiser son nom en lui rendant sa place dans nos menus.

À bord de « L'Imperator » avec le Kaiser
1913

Dans le courant de l'année 1913, une grande fête fut donnée à bord du paquebot *L'Empérator*, véritable ville flottante et qui venait d'être construit pour relier Hambourg à New York. Le Kaiser, portant beaucoup d'intérêt à la Cie Hambourg America, voulut faire un séjour à bord avant la première traversée.

Le Carlton ayant pris la direction du restaurant comme pour *L'Amerika* et le *Kaiserin Augusta Victoria*, je fus invité à organiser personnellement le service des cuisines.

J'arrivai à bord de *L'Empérator* le samedi 7 juillet 1913 pour les premiers préparatifs de la réception impériale. Les invités, au nombre de 110, arrivèrent deux jours plus tard. On pouvait reconnaître parmi eux les plus grands noms de l'aristocratie allemande.

L'empereur arriva le mardi 8 à 10 heures du matin, avec sa suite. *L'Empérator* aussitôt leva l'ancre en direction des Îles Helgoland. Sa Majesté se mit à table à 1 heure avec ses invités. Le dîner du même jour fut fixé à 8 heures.

Après le dîner l'Empereur et ses invités assistèrent à une représentation cinématographique dont plusieurs scènes les égayèrent, principalement celle de la pêche au homard dont une délicieuse artiste française était l'héroïne. Les manœuvres sous-marines de l'escadre française filmées devant Tunis furent le clou de la soirée.

Je fus très impressionné par ce film qui n'était pas de circonstance ici, quand circulaient déjà des bruits de guerre. Il ne pouvait que servir l'Allemagne et compromettre la sécurité de la France. J'en conservai longtemps un troublant souvenir.

L'Empereur me fit dire ensuite qu'il désirait me voir le lendemain matin après le petit déjeuner.

Le bateau avait continué sa marche toute la nuit et à 8 heures du matin, il rentrait à Cuxhaven.

Il était environ 10 heures quand Sa Majesté quitta la salle du restaurant et descendit dans la salle des palmiers. L'empereur, me serrant la main, me dit combien il était ravi du confort qu'il avait trouvé à bord ; il était émerveillé d'avoir passé la nuit aussi tranquillement sur ce bateau que dans son propre palais. Il me remercia d'être venu exprès de Londres prendre la responsabilité de la cuisine pendant son séjour à bord.

Je lui exprimai ma reconnaissance pour la sympathie qu'il me témoignait et je lui demandai des nouvelles de S.M. l'Impératrice ainsi que de sa famille. Il me dit que tous les siens étaient en bonne santé et qu'il était très touché de mon attention.

Je lui répondis alors : « Majesté je souhaite que votre santé vous permette de régner longtemps et je forme le vœu que nous puissions voir s'accomplir, avant la fin de votre règne, le plus grand acte humanitaire du siècle : le rapprochement de l'Allemagne et de la France. »

L'empereur m'assura que c'était son plus grand désir, qu'il y travaillait beaucoup, mais que malheureusement il était bien difficile et rare de voir interpréter fidèlement ses meilleures intentions. Je me permis de lui dire que certaine presse me semblait parfois animée de sentiments regrettables.

« En effet, me répondit-il, la presse, ou plutôt une partie

de la presse, n'est pas toujours favorable aux bonnes idées; malgré cela, j'ai grand espoir de voir mon désir se réaliser et je le souhaite de tout mon cœur, pour le plus grand bonheur de la civilisation.

— J'espère, Majesté, que de part et d'autre on mettra un peu de bonne volonté, et que vous aurez cette joie de voir le rapprochement de deux grands pays, ce qui sera le couronnement de votre règne et le bonheur de tous les peuples d'Europe. »

Une année à peine après cette brillante réception, l'Allemagne nous déclarait la guerre. Le premier novembre 1914, mon fils Daniel, lieutenant au 363e régiment Alpins tomba mortellement frappé en pleine figure par une balle prussienne, laissant quatre enfants à ma charge.

Voici le menu du déjeuner à bord de *L'Impérator* :

Hors-d'œuvre à la Russe

Melon Cantaloup

Consommé froid Madrilène

Velouté Parmentier

Timbale de homard Impérator

Mousse de jambon au Madère

Épinards nouveaux

Selle de veau Orloff

Pointes d'asperges au beurre

Dodine de canard en gelée

Terrine de poulet à l'estragon

Salade de fruits à la Japonaise

Aubergines à l'Orientale

Soufflé glacé framboisé

Biscuit au Kirsch

Pâtisserie française
Fruits
Café - Liqueurs

VINS

Georges Goulet Extra Dry
Clicquot rosé
Zeltinger Schoessberg
Château Giscourt 1907

La guerre vue de Londres
1914-1918

Comme l'orage qui surprend parfois lorsque tout paraît calme, l'Allemagne, en août 1914, lança sans avertissement ses troupes sur la petite et vaillante Belgique, et nous fûmes du jour au lendemain en pleine guerre.

Les Allemands avaient bien annoncé que la guerre serait de courte durée, comptant sur la valeur de leurs troupes et surtout sur leur attaque brusquée. Ils pensaient être maîtres de Paris en quelques semaines. La France, alors, forcée de déposer les armes, signerait la paix.

Mais ils n'avaient pas prévu la résistance de la Belgique et le débarquement des troupes anglaises ; ils avaient également oublié que les Français avaient encore du sang dans les veines. La bataille de la Marne leur donna la preuve que leurs espoirs étaient prématurés.

À Londres, la situation devint vite inquiétante au point de vue alimentaire. Le public, craignant de manquer de vivres, voulut s'assurer un stock de «provisions». Une foule de plus en plus grande envahit pendant plusieurs jours les magasins d'alimentation.

Pendant ce temps, le gouvernement anglais, agissant avec prudence et fermeté, prenait les mesures nécessaires pour subvenir aux besoins d'existence de ses soldats et de son peuple. Il rationna les vivres pour éviter le gaspillage.

Deux jours par semaine, on se privait obligatoirement de viande et de pommes de terre.

Pour obtenir de la viande de boucherie, de la volaille, il fallait produire un coupon. Seule la chair de venaison était exemptée de coupons, ce qui fut d'un grand secours pour les restaurants.

C'est ainsi qu'au Carlton, le hachis de venaison aux œufs acquit une véritable renommée gastronomique. En ces temps de disette, la chair de venaison, provenant de vieux cerfs, était dure et devait alors être braisée. Avec une addition de riz, cela pouvait faire de confortables « Moussaka ». La chair de venaison, préparée en daube à la provençale, accompagnée de nouilles et surtout d'une purée de châtaignes, constituait un excellent plat.

Les œufs, les poissons, certains abats et le lard n'exigeant pas de coupons, permettaient de varier les menus. Pour certains poissons, tels que la sole et le saumon, leur prix avait été fixé si haut par le gouvernement, que cela me créait des difficultés d'approvisionnement. Il me fallait 30 ou 40 saumons par semaine et mon fournisseur pouvait à peine m'en livrer deux. Je fus obligé de m'adresser directement aux pêcheurs d'Écosse et d'Irlande qui me donnèrent toute satisfaction.

Un poisson qui me rendait un grand service, c'était la petite limande. Dans diverses façons de l'accompagner, elle remplaçait avantageusement la sole. Il fallait lever les filets, les parer, les saler légèrement, les passer dans la farine, puis dans les œufs battus et les rouler dans de la mie de pain fraîchement préparée. Pour la cuisson, le beurre faisant complètement défaut, on en était réduit à faire usage de beurre de cacao. J'avais toujours en réserve un peu de graisse de volaille conservée précieusement pour les cas imprévus.

Les filets de limandes, panés et cuits à la poêle, étaient dressés sur un lit de macaroni à la Napolitaine. Ce mets était très apprécié.

Le propre d'un chef de cuisine est de ne pas se laisser prendre au dépourvu. Pourtant, la marée n'arrivant pas, notre grand Vatel perdit la tête et se passa une épée à travers le corps pour sauver son honneur professionnel.

Lors d'une exposition culinaire, à Tours, un monsieur vint vers moi et sans aucun préambule me dit : « Qu'auriez-vous fait, monsieur, à la place de Vatel ? »

Un peu interloqué, je répondis : « Assurément, je ne me serais pas passé l'épée à travers le corps à cause de la marée. J'aurais tout simplement confectionné de mignons filets de soles avec de la chair de jeunes poulettes. Je gage que le plus fin gourmet s'y serait laissé prendre ! »

— Mais comment confectionner des filets de sole avec de la chair de poulet ? Je ne comprends pas !

— Eh bien ! Je vais vous donner la recette !

Voici, vous choisissez de jeunes poulettes ; après leur avoir fait la toilette nécessaire, vous pilez les chairs, puis vous ajoutez le quart du volume de mie de pain blanc légèrement humecté de crème très fraîche, une prise de sel et un blanc d'œuf pour la chair de deux poules. Vous pilez de nouveau pendant quelques instants ; vous passez au tamis et vous déposez la farce sur une table farinée. Vous la divisez par parties de 50 à 60 grammes, vous les roulez en forme de cigare, que vous aplatissez à l'aide d'un couteau, lui donnant ainsi l'apparence d'un filet de sole. Puis vous les trempez dans de l'œuf battu, ensuite dans de la mie de pain très fine. Vous battez légèrement les filets de sole avec le plat de la lame d'un couteau, de façon à faire adhérer la mie de pain à l'œuf. Dix minutes avant de servir, vous faites cuire les filets de sole dans du beurre clarifié en leur donnant une jolie couleur blonde sur les deux faces.

Vous les dressez aussitôt sur le plat de service, très chaud et vous les couvrez d'un excellent beurre d'anchois relevé d'une pointe de poivre rouge.

Pour rendre le mets plus royal, on couvre le beurre de

fines lamelles de truffes fraîches, légèrement chauffées sur du beurre fondu. On y ajoute quelques cuillerées de graisse de volaille. Vous pourrez présenter ces délicieux filets de sole sous le nom de « Filets de sole Monseigneur[66] ».

*

Si pendant toute cette période de la guerre, les problèmes de ravitaillement étaient au premier plan, j'avais en même temps un grave souci : celui de secourir les familles de mes cuisiniers mobilisés sur le front français, et qui étaient toutes dans des situations difficiles.

Dans ce but, un Comité de secours fut fondé et de nombreux dons nous furent faits. Bien des souffrances purent ainsi être apaisées.

Chaque semaine, nous répartissions une certaine somme entre 50 femmes et 70 enfants. À la fin de la guerre, nous avions distribué une somme globale de 75 000 F.

J'ai connu de trop près les souffrances les plus humbles pour ne pas leur chercher un remède. Au Savoy et au Carlton, par exemple, j'ai toujours eu plusieurs ouvriers en surnombre afin de leur éviter le chômage. Quant à mes ouvriers, mobilisés, j'avais pris des dispositions afin qu'ils soient sûrs, à la fin de la guerre, de retrouver leur travail dans nos cuisines.

*

L'inoubliable journée du 11 novembre 1918 vint délivrer les peuples du terrible cauchemar supporté avec courage pendant quatre longues années.

Le peuple anglais, d'un tempérament si calme en général, fut, en apprenant l'heureuse nouvelle, pris d'un élan de joie poussé au délire. On s'embrassait dans les rues sans se connaître ; il en avait été ainsi lors de la signature de paix avec les Boers.

J'ai conservé de ces heures joyeuses, pleines d'espérance, un merveilleux souvenir. J'avais pu apprécier à la fois le calme et la spontanéité d'un peuple qui dans un moment d'émotion peut manifester de si beaux sentiments.

L'armistice connu à 11 heures du matin, le restaurant fut pris d'assaut par les habitués qui venaient réserver leur table pour le dîner, chacun voulant fêter la fin de ces années terribles. À une heure de l'après-midi, toutes les tables du restaurant étaient retenues pour le soir. Je dus servir 712 couverts !

À l'époque, les restrictions étaient très sévères, surtout pour la viande de boucherie. Je ne pouvais, ce jour-là, disposer que de 6 gigots d'agneau, 2 petits cuisseaux de veau, 15 kgs de porc frais et 10 poules. Je fis passer les chairs de ces diverses viandes et des poules à la machine à hacher. J'ajoutai à ce mélange 20 kgs de pâté de foie gras en conserve qui me restaient d'avant-guerre, quelques truffes hachées et environ 10 kgs de mie de pain humectée de crème stérilisée. Avec cette composition intimement mélangée, je formai de petites noisettes auxquelles je donnai le nom de «Mignonnettes d'agneau Sainte Alliance», Ce fut un franc succès.

Ne jamais perdre la tête, même dans les plus grandes difficultés : c'est la devise d'un chef de cuisine.

Voici le menu du dîner qui fut servi au Carlton Hôtel à Londres à l'occasion de l'armistice 11 novembre 1918 (712 couverts) :

Dîner au champagne

Consommé du Père la Victoire

Velouté Renaissance

Mousseline de Homard à l'Américaine

Riz à l'Indienne

Petits pâtés de volaille à la Bruxelloise

Mignonnettes d'agneau Sainte-Alliance

Petits pois à l'Anglaise

Pommes de terre canadiennes

Faisan en cocotte Périgourdine

Salade des Capucins

Cœurs de céleri à l'Italienne

Les bombes de réjouissance

Symbole de la paix

Les douces dragées de Verdun libératrices

Friandises

Liqueurs de France - Café Mode Orientale

Fine Champagne 1865 - Vieille Chartreuse du Couvent

Le 11 novembre 1919, anniversaire de la signature de la paix, fut pour moi une des plus belles journées de ma vie de labeur.

M. Poincaré, Président de la République française, en visite à Londres, recevait ce jour-là, à St-James Palace, les membres de la colonie française de Londres, dont je faisais partie. Ignorant que j'étais sur la liste des personnes qui, à l'occasion de la visite du chef du gouvernement français devaient recevoir un souvenir de son passage dans la grande cité anglaise, je fus très surpris d'entendre prononcer mon nom et de recevoir des mains du Président de la République, la croix de Chevalier de la Légion d'honneur[67]. Très fier de la distinction dont je venais d'être l'objet, j'en exprimai toute ma joie à M. Poincaré et le remerciai respectueusement de l'honneur qu'il me faisait en me la remettant lui-même. Ce souvenir restera à jamais gravé dans mon cœur!

Conseils aux professionnels :
l'aide-mémoire culinaire

C'est tout de suite après la guerre que je publiai mon «Aide-mémoire culinaire», destiné surtout aux professionnels de la restauration, et tenant compte des modifications qu'avaient apportées les circonstances.

Par exemple, il est de nécessité absolue que le personnel servant puisse répondre à toute interrogation d'un client au sujet du composé de tel ou tel mets, sans avoir à recourir aux explications du personnel culinaire. Pour ce faire, il lui faut des renseignements concis, précis, et tel est l'un des buts de ce petit ouvrage.

Il est non moins nécessaire que le client puisse être conseillé au sujet du vin qui devra accompagner tel ou tel mets. Je consacre un peu plus loin quelques pages à l'importance du service des vins.

Dans cet après-guerre, d'importants changements vont se manifester dans la façon de vivre et ils n'iront qu'en s'amplifiant dans l'avenir.

Pendant des années, tous les pays qui ont eu à subir la guerre devront se consacrer à rétablir l'équilibre de leurs finances, et pour cela, d'immenses sacrifices seront demandés à tous. À la vie luxueuse et prodigue que nous avons connue va succéder une période où l'économie sera une nécessité ainsi qu'un retour à la simplicité. Mais une simplicité de bon goût qui n'exclura nullement la perfection savoureuse de notre cuisine, ni la correcte élégance de nos services.

C'est parce que je prévois ce que sera demain que j'ai cru devoir — tout en conservant à la cuisine française les hautes qualités qui l'ont rendue universelle — rompre avec des traditions que les circonstances frappent de désuétude, en remaniant et simplifiant un grand nombre de recettes d'hier, en les conformant aux exigences d'aujourd'hui, en supprimant même de nombreuses recettes d'intérêt secondaire, pour ne conserver que celles dont l'intérêt est immédiat et d'exécution journalière. Une sélection méthodique s'imposait d'ailleurs dans la multiplicité de formules qui ne sont souvent que d'encombrantes redites.

Cinquante-six années passées dans les cuisines de grands restaurants m'ont permis de constater les nombreuses lacunes qui existent dans les différents services de ces maisons et qu'il serait urgent de combler. Certes, nous avons de bons cuisiniers, mais nous avons aussi, et avons toujours eu en France d'excellents maîtres d'hôtel, connaissant à fond leur profession. Ils sont restés les maîtres incontestés du service à la carte et les nombreux étrangers qui fréquentent nos restaurants sont unanimes à reconnaître leur tact et leur complaisance polie et digne.

Si leur étoile fut un instant voilée par quelque nuage passager, la cause en fut imputable au développement extraordinaire de la restauration en France. Il arriva alors que des maîtres d'hôtel fussent formés à la hâte, et l'on vit beaucoup de jeunes gens occuper des situations qui exigeaient une compétence qu'ils n'avaient pas eu le temps d'acquérir.

En raison de vides causés par la guerre, il est malheureusement à craindre un retour de cet état de chose ; du moins jusqu'au moment où pourra être mis en activité le personnel nouveau, instruit dans les écoles professionnelles promises, ou formées sous la direction des bons maîtres d'hôtel actuels.

LE SERVICE DES VINS

À une époque où les occupations de toutes sortes abrègent les instants que l'on accordait autrefois à la table, il n'est pas étonnant de constater les profondes modifications subies par son service.

Sans remonter jusqu'au commencement du siècle dernier chacun sait que, sous le Second Empire et jusque vers 1890, l'opulence de la table exigeait encore des services nombreux, tant pour les aliments que pour les boissons et que — sauf la manière de servir à la Russe — c'est-à-dire en présentant, dans l'ordre du menu, les plats l'un après l'autre, qui avait remplacé le service à la française, où tous les plats d'un même service figuraient sur la table — les mets étaient encore presque aussi nombreux que sous le Premier Empire et la Restauration.

La mode et les mœurs actuelles n'accordent plus aux repas qu'un temps limité à une heure ou une heure et demie au maximum.

Depuis une trentaine d'années, les menus les plus substantiels ne comportent plus guère, en général, qu'un ou deux potages, des hors-d'œuvre chauds ou froids, un poisson, deux entrées, un rôti, une pièce froide, une salade, un ou deux entremets de légumes, deux entremets sucrés chauds et froids, et des desserts variés[68].

Jadis, un menu classique se composait, selon l'opulence de l'amphitryon et le nombre de ses convives, d'un nombre de plats prestigieux et dont on se fait difficilement une idée de nos jours ; car, si l'on considère les ouvrages culinaires du XVIIIᵉ siècle, et du commencement du XIXᵉ, on y trouvera des menus de 25 à 30 couverts ne comportant pas moins de 30 à 60 plats, non compris les desserts qui étaient aussi fort nombreux.

Mais, dans aucun de ces ouvrages on ne trouve, cependant, la nomenclature des vins, ni l'ordre dans lesquels ils étaient servis. Ce n'est qu'à la fin du « Cuisinier Royal » de Viard que l'on trouve une note sur le service des vins par M. Pichegru, sommelier du roi, où l'on chercherait en vain des renseignements sur l'ordre dans lequel se servaient les vins au cours des repas.

L'ordre admis il y a une cinquantaine d'années était généralement le suivant :

Madère ou Xérès ou vin similaire après le potage, le melon où le hors-d'œuvre.

Vin blanc sec, demi-sec ou doux, de Chablis, Meursault, Pouilly, Braves, Sauternes, du Rhin, de la Moselle, avec les huîtres et le poisson.

Pour étancher la soif : vin ordinaire pendant tout le cours du repas.

Pendant les entrées : vin de Bordeaux de haute classe.

Au rôti : vin de première cuvée de Bourgogne.

Puis, aux entremets sucrés et desserts, vin de Champagne et parfois de Porto ou de Haut-Sauternes.

C'est encore l'ordre conservé de nos jours dans les repas d'apparat, et qui est plus rationnel, si l'on tient compte qu'il est bon de servir des vins légers avec des mets délicats et des vins généreux avec des mets relevés.

Depuis plusieurs années, la saine raison a réduit et notablement modifié le service des vins.

On a en effet reconnu que de commencer le repas par des vins capiteux tels que : Madère, Xérès ou Haut-Sauternes était préjudiciable à l'appréciation des vins suivants et que le mélange d'une grande variété de vins affectait à la fois la tête et l'estomac.

Quelle que soit la variété des vins servis dans un repas, il faut toujours présenter d'abord les vins les plus légers pour arriver progressivement aux plus généreux.

Le service des vins à table ne consiste pas seulement dans l'ordre de les présenter.

Pour mettre en évidence toutes leurs qualités et produire la satisfaction désirable, les vins, quand cela est possible, doivent être, la veille de leur consommation, sortis de la cave et les bouteilles transportées avec précautions, et mises debout dans l'office ou la salle à manger pour en épouser la température, puis, une heure avant d'être mises sur table, débouchées et le vin soigneusement décanté.

Le décantage est une opération extrêmement délicate dont les fins gourmets préfèrent se charger plutôt que de la confier à des mains maladroites. Elle ne consiste pas, comme cela se pratique trop souvent, à vider le contenu d'une bouteille dans une carafe, mais bien à séparer par transvasement le liquide vineux de son dépôt en évitant de mettre celui-ci en mouvement. Pour les vins rouges vieux, le décantage est indispensable. Car non seulement il permet au bouquet du vin de se développer, mais en le présentant limpide et brillant à l'œil, il supprime l'âpreté plus ou moins prononcée que cause le dépôt.

Si, pour une raison quelconque, on ne peut pas décanter le vin, il faut mettre la bouteille, dans la position qu'elle occupe, directement du casier dans un panier spécial, la déboucher doucement, en essuyer soigneusement le goulot et verser le vin dans les verres sans relever le panier. Les vins blancs ne devront être décantés, si on le juge à propos pour le coup d'œil de la table, que peu d'instants avant d'être servis, afin d'éviter la couleur plombée causée par l'oxydation de l'air.

Le vin, sec ou nature, sera servi au cours du repas et précédera le Bordeaux ou le Bourgogne servi au fromage.

On ne saurait trop blâmer la façon dont beaucoup de maîtres d'hôtel servent le vin, en relevant la bouteille après chaque verre de vin rempli, car, après le deuxième verre, le dépôt est mis en mouvement et le vin ensuite est trouble et sans valeur gustative.

Bien des gens se figurent que les vins destinés à la cuisine peuvent être de qualité inférieure, et même avariés, qu'ils sont toujours assez bons et que le meilleur ragoût ne pourrait en souffrir : c'est une erreur que nous devons combattre.

Sans être de grands crus de Bourgogne ou de Bordeaux, ils doivent être naturels, assez capiteux et francs de goût. C'est dans ces conditions qu'ils permettent de réaliser d'excellents mets.

Je tiens, enfin, à protester contre ce nouvel usage de vendre sous le nom de vin français, des produits qui ne sont pas de notre terroir. Depuis plusieurs années, on présente en Angleterre sous le nom de Burgundy ou Bourgogne, un vin fabriqué en Australie, en Californie ou à Londres même, qui ne possède évidemment ni la finesse d'arôme, ni la richesse de bouquet, ni les vertus bienfaisantes de notre vin de Bourgogne[69].

Les Anglais de la meilleure société sont trop fins connaisseurs pour confondre ces vins avec ceux de France ; toutefois, dans de nombreuses maisons, on les présente comme de véritables Bourgogne. Il est vraiment fâcheux, pour la bonne renommée de nos crus, qu'une pareille confusion puisse être tolérée ; c'est aussi regrettable pour les Anglais, car, sans payer plus cher, ils pourraient déguster des vins infiniment supérieurs à ceux qu'on leur présente sous l'étiquette de Bourgogne... Australien ou Californien !

Au cours d'une visite que je fis en 1906 en Bourgogne pour visiter le clos de l'Abbaye de Lieu-Dieu, j'en parlais à son aimable propriétaire, Mme Vermelen de Villiers, pendant qu'elle me faisait les honneurs du domaine. Celle-ci m'apprit que, sous le règne de Louis XV les dames de cette abbaye avaient gagné un procès devant le Parlement de Dijon, contre un négociant de Nuit qui vendait son vin comme originaire de Lieu-Dieu.

Le succès de nos produits alimentaires
à l'étranger

Malgré la concurrence qui nous est faite par les autres pays, nos produits alimentaires français ont toujours figuré avec honneur dans tous les marchés mondiaux, aussi bien frais que conservés.

On doit cependant chercher ailleurs que dans les soins apportés aux productions de notre sol, le motif de la vogue dont ils jouissent. C'est aussi que nos cuisiniers sont légion à l'étranger. Ces commis-voyageurs en toque blanche sont nos meilleurs agents commerciaux puisque, même loin de la France, ils conservent l'habitude de ne se servir que de produits de notre sol. De plus, en inventant de nouvelles créations culinaires, ils apportent souvent de nouveaux débouchés aux productions françaises.

Voici quelques exemples qui le prouvent :

Depuis ma création de la pêche Melba, maintenant de renommée mondiale, la vente de la pêche tendre a pris une extension considérable comme fruit frais et surtout comme conserve, où le fruit se présente entier, avec sa forme naturelle.

Pour conserver ce fruit avec toutes les qualités voulues, il faut choisir une pêche peu fragile, se prêtant à cette transformation. Nous avions la pêche de Montreuil[70], mais depuis plusieurs années, cette qualité de pêches se fait rare. Il fallait donc trouver une remplaçante. J'avais remarqué que, dans la vallée du Rhône, on cultivait une espèce rappelant la pêche de Montreuil. Je fis un essai avec ces pêches qui donna des résultats concluants. L'année suivante, en 1911, 15 000 pêches furent mises en conserves. L'année suivante, le chiffre atteignit 30 000 et la troisième année d'exploitation, le nombre en fut porté à 60 000. Le producteur projetait la mise en conserve de 100 000 de ces fruits quand la guerre éclata. Ce succès incontestable n'a pris naissance qu'au jour de la création de la «pêche Melba».

La truffe française, elle aussi, a beaucoup gagné en raison de la préférence que lui ont donnée nos cuisiniers. Le prix de vente actuel est de l'ordre de plusieurs millions. C'est une source de grands profits pour le Périgord, le Vaucluse et le Dauphiné.

Le beurre : je n'ai jamais employé à Londres d'autre beurre frais que celui de Brétel frères, et spécialement la marque bleue, la première qualité, de provenance bretonne et normande. Le chiffre de 150 livres que j'ai employées quotidiennement donne un total de 4 500 livres par mois. Ce chiffre me paraît suffisamment éloquent si l'on considère que c'est la part d'un seul cuisinier !

Autre preuve : le canard de Rouen. Ce palmipède était très peu connu en Angleterre, dans les années 1880. Aucun marchand de volailles ne le connaissait à Londres. Aujourd'hui, on trouve le canard de Rouen dans toutes les bonnes boutiques de volailles. Sa consommation est à l'heure actuelle plus grande à Londres qu'à Paris. Ce qui a beaucoup contribué à faire connaître le canard rouennais aux Anglais, ce sont les diverses manières de l'accommoder, en particulier, celle du «canard en chemise», mot peut-être un peu «shocking» pour les Anglais... mais qui contribua pour une large part à son succès.

Voici une histoire au sujet des asperges «vertes». Lorsque le vieux baron de Rothschild venait dîner au Grand Hôtel à Monte-Carlo, il ne voulait d'autres asperges que les « vertes ». Pour le satisfaire, on lui choisissait les plus grosses parmi les bottes de pointes d'asperges.

Je constatai ensuite, au Savoy de Londres, que les Anglais préféraient l'asperge verte à la blanche. Je me fis donc expédier de France des bottillons de grosses pointes. Elles eurent un tel succès que la demande devint plus forte que la production, et d'un jour à l'autre le prix de ces bottillons passa du simple au double.

Devant les exigences du producteur, je me mis à la recherche d'un concurrent, pour freiner ces augmentations successives.

Un dimanche matin, je me rendis dans un café de Mérindol, village proche de Lauris, dans le Vaucluse, pour y rencontrer les principaux cultivateurs d'asperges. Je leur dis : « Messieurs, vous produisez une asperge de toute beauté, mais dont la culture vous donne beaucoup de travail, sans vous apporter des bénéfices en rapport avec vos efforts. J'habite Londres où je dirige les cuisines d'un grand hôtel. Et les Anglais préfèrent les asperges vertes. Seriez-vous disposés à vous intéresser à cette culture ? Je vous garantis de gros bénéfices. »

Tous ces braves gens, un peu surpris, me répondirent que cette production d'asperges vertes les obligerait à changer leur système de culture et qu'ils n'en voyaient pas la possibilité.

Alors, un jeune homme d'une vingtaine d'années prit la parole « Pourquoi pas ? — dit-il. Nous avons, à côté de nos grosses asperges, une quantité de petites dont nous ne pouvons nous débarrasser qu'à des prix dérisoires. Laissons les pousser hors de terre, et la partie qui aura vu le jour deviendra verte. »

Tous comprirent l'importance de cette idée, et à partir de cette date, Lauris expédia des asperges vertes en Angleterre !

Le succès dépassa largement mes prévisions. On ne

connaît à Londres que l'asperge verte de Lauris. Les grosses blanches d'autrefois sont devenues vertes.

Je dois dire que je n'ai jamais eu la faveur de recevoir une botte d'asperges d'un producteur. Pourtant, mes conseils ont sûrement fait la fortune de quelques-uns !

Quant à la tomate concassée, elle a fait son apparition dans le commerce vers 1892. Mais l'idée première de cette fabrication date de 1874-1875, époque où j'étais chef de cuisine au « Petit Moulin Rouge ».

Il était d'usage, en ce temps, de mettre de la purée de tomates dans des bouteilles de champagne, puis de les stériliser. Cette purée ne pouvait être utilisée que pour des sauces. Je me disais qu'il était possible de faire mieux, et je fis des essais qui me donnèrent entièrement satisfaction.

Comprenant qu'il y avait avantage pour notre cuisine à faire connaître et à répandre ce produit, je m'adressai à divers fabricants : aucun ne voulut prendre mon idée en considération et la chose en resta là.

Ce fut une quinzaine d'années plus tard que j'obtins enfin, d'une fabrique de fruits et légumes en conserve, la fabrication de deux mille boîtes de tomates concassées, immédiatement expédiées au Savoy Hôtel. Ce fut un grand succès. La tomate concassée fut lancée et sa renommée si vite répandue que l'année suivante on en fabriquait soixante mille kilos. Par la suite, cette production s'amplifia considérablement. L'Italie suivit l'exemple, ainsi que l'Amérique. C'est aujourd'hui par millions de boîtes que l'on produit la tomate concassée.

Cette réussite est due à ma ténacité, soutenue par la confiance que j'ai toujours eue dans le succès de ce produit. Toujours sans autre intérêt que la satisfaction d'avoir été utile.

*

Je me suis intéressé aussi à la fabrication des sauces et pickles en flacons dont les Anglais sont si friands. Pendant la guerre j'ai dû céder mes parts dans l'usine qui les fabriquait selon mes recettes. Mais ces condiments continuèrent à se vendre sous une étiquette à mon nom[71].

Une retraite active

Au mois de mai 1920, fatigué par le surmenage de quatre années de guerre, je décidai de reprendre aussitôt que possible ma liberté pour jouir du repos qui m'était nécessaire.

En juillet, je quittai le Carlton Hôtel, emportant le souvenir de vingt années passées dans cette maison où j'avais vu défiler les plus hautes personnalités anglaises et étrangères.

Ce qui m'était cher en cette circonstance, c'était la sympathie que me témoignèrent les directeurs et administrateurs de la compagnie et du personnel de la maison dont le nombre dépassait quatre cents.

Je quittai donc l'Angleterre, ce pays que j'ai tant aimé, et mes nombreux amis, pour rejoindre ma famille à Monte-Carlo, et profiter du vivifiant soleil de la Riviera.

Mais après quelques mois de repos, habitué à une vie active, je trouvai l'oisiveté monotone. J'occupai alors mes loisirs à écrire des souvenirs, des articles, des recettes, ceci dans le but de maintenir intacte la haute renommée de notre cuisine, et des vins exquis de France.

Je pris part aussi à diverses expositions culinaires. On m'avait nommé président de celle de Francfort. Cet honneur s'adressait à travers moi à toute la corporation des cuisiniers français. Durant cette exposition, qui eut lieu en 1911 — donc avant la guerre —, on me rappela en quelle haute estime me tenait Guillaume II et l'on ajouta : « Si l'on avait en Allemagne un Escoffier, tous les menus du monde se rédigeraient en français ! » L'art n'a point de patrie, c'est vrai ! Mais pour le moment, et pour long-temps encore, j'espère, c'est l'art culinaire français qui règne sur le monde.

En 1923, pendant l'exposition culinaire de Copenhague, j'eus l'insigne honneur d'être reçu par les souverains du Danemark. Je fus surpris et flatté de recevoir d'eux la Croix de Daneborg, décernée pour la première fois à un artiste-artisan. Un grand dîner fut donné à cette occasion sous la direction d'un cuisinier français. J'y participai en créant le « Soufflé Princesse Renée » dont les teintes blanches et rouges symbolisaient les couleurs danoises.

En 1926, j'eus l'honneur d'être Président du Jury de l'exposition culinaire ouverte à Grenoble en 1926. Tous les hôtels et restaurants renommés de la ville et de la région avaient tenu à participer à cette grande manifesta-tion. J'ai éprouvé une véritable satisfaction en constatant que les mets exposés, exécutés avec une grande maîtrise, méritaient les plus chaleureuses félicitations à leurs auteurs. Cela a confirmé ma certitude que les cuisiniers d'aujourd'hui savent maintenir les belles traditions d'un passé glorieux.

Enfin, l'exposition culinaire internationale de Zurich fut ouverte en 1930. J'eus la surprise de constater qu'on avait donné le nom de « Boulevard Escoffier » à l'immense hall où se tenait l'exposition. On m'invita à visiter la grande fabrique des produits « Maggi », située dans les environs de Zurich, pourvue des machines les plus modernes. La plus grande partie des légumes utilisés pour la confection des « soupes Maggi » étaient cultivés dans d'immenses terrains autour de l'usine. La rapidité de fabrication, dans la plus parfaite propreté, me laissa émerveillé.

Invité par la Cunard Line de Londres, je fis, en 1926, mon troisième voyage aux États-Unis, à bord du paquebot *Berengaria*. Ce navire était l'ancien paquebot de la Cie Hambourg-Amerika : *L'Imperator*, qui, lors de la signature de la paix fut donné par la Compagnie allemande à l'Angleterre en remplacement du *Lusitania* coulé par les sous-marins allemands.

Mon passage sur l'ancien *Imperator* ranimait en moi des souvenirs bien divers : ceux de la brillante réception donnée en 1907 dont j'ai parlé et où j'avais connu Guillaume II, et ceux des jours bien sombres qui suivirent pendant la guerre de 14-18.

Arrivé à New York et logé à l'hôtel Ambassador, je fus très sensible à l'accueil enthousiaste que me firent toutes les équipes de cuisine. J'étais ému en en reconnaissant beaucoup qui avaient travaillé sous mes ordres au Savoy, au Carlton et même à Monte-Carlo.

Au cours d'une soirée au Carlton de New York, les sociétés culinaires françaises et américaines étaient réunies. Un grand nombre de jeunes cuisiniers apprentis étaient là également. Je leur ai rappelé que notre métier est un métier nécessaire puisque tout le monde a besoin de se nourrir. Il répond à un besoin et nous n'avons pas à craindre de voir disparaître notre profession. Je les ai engagés à unir leurs efforts et à apporter leur bonne volonté afin de garder à notre cuisine sa haute renommée. C'est grâce à leurs qualités et à leur application constante qu'ils auront le droit de se nommer « cuisinier » et non « cook ». Un cuisinier est un homme qui joint à l'habileté professionnelle une initiative personnelle et une grande pratique de son métier. Le cook est un homme qui, trop souvent, n'a comme seul outil... qu'un ouvre-boîtes !

À la fin du dîner, le Président de cette soirée, M. Scotto, me remit une magnifique plaque en or où étaient gravées deux branches de laurier liées par la Légion d'Honneur.

C'est en 1930 que je fis une nouvelle visite au pays du dollar.

Le propriétaire du nouveau palace, l'« Hôtel Pierre », m'avait demandé de présider le grand dîner d'ouverture de cet hôtel, qui devait avoir lieu le 16 octobre 1930. Tous mes amis et collègues m'attendaient à la descente du paquebot « Paris » sur lequel j'avais fait le voyage Paris-New York en 7 jours.

Le programme de mon séjour était fort chargé. Presque chaque soir, j'étais invité à un dîner donné en mon honneur. Mais le plus mémorable de tous fut celui où l'on fêta mon 85e anniversaire dans le grand salon de l'Hôtel Pierre, le 28 octobre 1930, et dont voici le menu :

FROID :

Fantaisies Parisiennes
Barquerolles Strasbourgeoise
Œufs à la crème d'anchois

CHAUD :

Rissoles au parmesan
Petits pâtés chauds à la Provençale
Tartelettes forestières
Pommes d'Amour aux huîtres pimentées
Velouté à l'Orientale
Suprême de sole, Isaline
Poulet nouveau Valentinois
Petits pois à la Française
Salade Châtelaine
Symbole de la Vertu

Mignardises
Café ancienne mode
Liqueurs

Mes 85 ans s'accommodèrent fort bien de ces agapes journalières auxquelles j'avais fait honneur. C'est en très bonne forme que je quittai New York fin octobre, sur l'*Aquitania*. Je débarquai à Liverpool, restai deux jours à Londres pour y revoir quelques amis chers, puis je regagnai Paris. Le lendemain de mon arrivée, au cours d'un déjeuner au restaurant Lucas, place de la Madeleine, et organisé par la Société Mutuelle des Cuisiniers Français, j'eus le plaisir de remettre au Président de cette Société, une somme de 10 000 francs pour l'École des cuisiniers, somme qui résultait de divers dons offerts par des personnalités et organisations américaines.

J'annonçai en même temps à mes convives une bonne nouvelle : j'avais obtenu à New York l'admission de nouveaux cuisiniers français sur les paquebots anglais et américains.

Je crois pouvoir dire que j'avais accompli de mon mieux ma tâche d'ambassadeur de la cuisine française.

En mars 1928, je fus élevé au grade d'Officier de la Légion d'Honneur[72]. J'étais le premier cuisinier à recevoir cette insigne distinction ; elle récompensait mes longues années de labeur au service de la cuisine française. Mais je savais que cet honneur rejaillissait aussi sur tout l'ensemble de notre profession.

Un grand banquet eut lieu à cette occasion à l'Hôtel du Palais d'Orsay. Il était présidé par M. Édouard Herriot, alors ministre de l'Instruction Publique et des Beaux-Arts, Il était entouré de l'élite du tout-Paris et des plus hautes personnalités de l'hôtellerie, de la restauration et de la presse. Il y avait en tout 350 invités.

De nombreux discours furent prononcés. Tous m'ont

prouvé l'estime véritable et l'unanime sympathie dont j'étais entouré. Mon émotion et ma fierté étaient grandes...

On m'a souvent demandé pour quelles raisons les cuisiniers français sont supérieurs à ceux des autres pays.

La réponse me paraît simple : il suffit de se rendre compte que le sol français a le privilège de produire naturellement et en abondance les meilleurs légumes, les meilleurs fruits et les meilleurs vins qui soient au monde. La France possède aussi les plus fines volailles, les viandes les plus tendres, les gibiers les plus variés et les plus délicats. Sa situation maritime lui fournit les plus beaux poissons et crustacés. C'est donc tout naturellement que le Français devient tout à la fois gourmand et bon cuisinier.

Mais pour qu'un peuple ait une bonne cuisine, il faut aussi qu'il ait un long passé de vie courtoise qui fait apprécier la fête d'un bon repas pris entre amis ; qu'il ait également de solides traditions domestiques transmettant, de mère en fille, tous les secrets d'une bonne table. Dans le renom de notre cuisine française, je veux voir une preuve de notre civilisation.

Il n'existe peut-être pas une bourgade en France où les saines traditions de la vieille cuisine locale ne soient pieusement conservées. Chaque région possède un trésor de vieilles recettes. Chaque ville a son plat traditionnel et succulent qui se prépare là depuis des siècles et que l'on chercherait vainement ailleurs.

Il n'y a qu'à faire un rapide tour de France :

On y voit Strasbourg disputer à Toulouse la prééminence des pâtés de foie gras. Angoulême et Périgueux briguent l'honneur de confectionner les meilleurs pâtés de perdrix. La Bresse fait valoir ses poulardes, Le Mans et La Flèche leurs chapons, et le Périgord ses dindes boursouflées de truffes ; Nérac et Cahors, leurs terrines ; Sarlat, ses perdrix à jambes écarlates ; Lyon, ses cervelas ; Arles, ses saucissons ; Troyes, ses petites langues, ses andouilles et son indicible fromage de cochon ; le Dauphiné, ses bartavelles; Marennes, Cancale et Étretat, leurs huîtres; Strasbourg, ses carpes et ses écrevisses; Marseille, ses thons frais et marinés; Rouen, Ses canetons et ses confitures; Dijon, Châlons et Reims leurs moutardes; Aix, Grasse et Nice, leurs huiles sans pareilles et leurs fruits confits; Verdun, ses dragées; Metz, ses bec-figues et ses mirabelles; Chartres, ses guignards et ses pâtés de volaille; Pithiviers, ses mauviettes renfermées dans une croûte savante; Granville, ses huîtres marinées en baril; Alençon, ses oies grasses; Niort, son angélique; Orléans, ses vinaigres; Cognac, ses eaux-de-vie; Bordeaux, son anisette; Sète, son huile de rose; Montpellier, sa crème moka; Brignoles, ses prunes tapées; Roquevaire, ses admirables panses; Ollioules, ses figues fines; Agen, ses prunes de Roi; Tours, ses pruneaux; Reims, son pain d'épice et ses nonnettes, etc., etc., etc.

Cette extraordinaire énumération nous prouve que la cuisine française est non seulement une science, mais un art, et que cet art est avant tout notre art national par excellence. Sa réputation était déjà universelle au Moyen-Âge. Et dans ses «Commentaires», Jules César reconnaît que les Gaulois possèdent le secret de préparer d'excellentes nourritures.

Un «Journal des gourmets» serait d'une merveilleuse utilité. On y consignerait tout ce que le génie de la bonne chère se plaît à inventer chaque jour. On y signalerait le progrès des artistes culinaires et leurs efforts constants pour mériter la faveur publique. On y donnerait un aperçu du prix de tous les comestibles, tant exotiques qu'indigènes. Ce journal pourrait devenir un moyen facile de correspondre entre les gourmands de tous les pays. Il établirait une communication directe entre Paris et la Province pour tout ce qui concerne les plaisirs de la table.

*

L'art de la cuisine est peut-être une des formes les plus utiles de la diplomatie. Appelé dans toutes les parties du monde pour y organiser les services de restauration des plus somptueux palaces, j'ai toujours eu le souci d'imposer du matériel français, des produits français et, avant tout, du personnel français.

Car le développement de la cuisine française est largement dû aux milliers de cuisiniers français qui travaillent aux quatre coins du monde. Ils se sont expatriés pour faire connaître, dans les pays les plus éloignés, les produits français et l'art de les accommoder.

C'est une grande satisfaction pour moi d'avoir contribué à ce développement. Pendant toute la durée de ma carrière, j'ai « semé » quelque deux mille cuisiniers de par le monde. La plupart d'entre eux ont fait souche dans ces pays, et l'on peut dire que c'est autant de grains de blé semés dans des territoires incultes. La France en récolte aujourd'hui les épis.

NOTES

1. Les amateurs de produits laitiers connaissent bien aujourd'hui la brousse et ses cousines corses (*brocciu*) ou italiennes (*ricotta*), à base non de lait mais de lactoserum, de brebis ou de chèvre, plus rarement de vache : produit de pauvre, qui fait fromage de tout.

2. Le comté de Nice, rattaché à la France en 1860 après plébiscite, en même temps que la Savoie, s'est vu adjoindre l'arrondissement de Grasse, détaché du département du Var. La famille Escoffier est donc d'ascendance provençale varoise; son destin ne s'associe à celui de Nice qu'aux prémices du rattachement.

3. Aujourd'hui l'ancien quai Masséna est l'avenue de Verdun. Ce n'est plus un quai depuis la couverture du Paillon. Le glissement de la rue Paradis au quai Masséna peut être considéré comme un élargissement des ambitions de l'oncle François, ce que confirment les notations ultérieures sur la clientèle qui fréquente son restaurant.

4. On aura noté que dans l'univers culinaire du temps un plat suppose couvercle : pour tenir au chaud — et pour l'apparat.

5. Début de la longue familiarité d'Escoffier avec la cuisine comme avec les élites russes. La présence d'escadres russes dans la baie de Villefranche peut surprendre, si peu de temps après la guerre de Crimée. En fait, il s'agit d'une concession accordée par le royaume de Piémont-Sardaigne en 1857, que la France n'a pas remise en cause.

6. La saison sur la Riviera, italienne aussi bien que française, est d'abord exclusivement hivernale. Les élites fuient la chaleur des mois d'été.

7. Dans l'ordre général des grandes cuisines, le métier de pâtissier et celui de confiseur, voués au sucré, sont nettement distincts de celui du cuisinier proprement dit. Escoffier se veut un cuisinier complet.

8. La hiérarchie des cuisines superpose l'apprenti, les aides et le chef de cuisine. La promotion d'Escoffier est rapide mais, on le verra, tout dépend du lieu : deux ans plus tard, il repasse aide, mais dans un restaurant prestigieux de la capitale.

9. Ce restaurant a repris à son compte le nom, devenu fameux, de l'un des principaux restaurants de Paris au moment de la Révolution, introducteur de plusieurs plats et préparations méridionales dans la France du nord.

10. Débaptisée après la fin de la Seconde guerre mondiale (car il s'agissait de Victor-Emmanuel III), elle est devenue Franklin-Roosevelt. Le restaurant Lasserre, installé au 17, présente quelques points communs avec cet établissement.

11. Gladiateur reste encore aujourd'hui un mythe dans l'histoire hippique nationale, ayant été le premier pur-sang français à remporter quelques-unes des courses anglaises les plus fameuses, et le premier vainqueur du Grand Prix de Paris. Sa statue se dresse à l'entrée de l'hippodrome de Longchamp.

12. Derrière le «comte» en question, il faut sans doute voir Alexandre Duval, noceur notoire, héritier du fondateur des restaurants à prix réduit, dits «bouillons», conduit en 1872 au suicide par la courtisane Cora Pearl (1835-1886). Il se ratera, et continuera la noce jusqu'à un âge avancé, mourant trente-six ans après la demi-mondaine.

13. Nom donné aux agneaux préparés suivant la méthode du comte Amédée de Behague, grand propriétaire solognot.

14. Apogée du Second empire, trois ans avant sa chute, l'Exposition de 1867 se déployait principalement sur le Champ-de-Mars mais utilisait aussi le Palais de l'industrie des Champs-Élysées et c'est place de l'Alma que Gustave Courbet ouvrit le pavillon privé qu'il consacra à son œuvre.

15. Escoffier suit le parcours des jeunes cuisiniers doués. Il complètera plus tard de sa propre autorité sa formation dans le domaine de la pâtisserie.

16. L'ancien ennemi juré de la France en est devenu, en effet, un «fidèle ami». Sa popularité est à son comble après son intervention en 1860 à Damas pour venir en protection aux chrétiens menacés par des musulmans fanatiques.

17. En réalité Alphand remplace Varé, que le baron Haussmann juge médiocre.

18. Nul doute qu'aux yeux d'Escoffier il ne s'agisse là du menu le plus menu qui soit, une sorte de haïku gastronomique, ce que confirmeront les quatre menus suivants, à apprécier *cum grano salis*.

19. Pour le lecteur de la Troisième république le nom de Gravelotte n'a pas besoin d'être autrement commenté : il s'agit de la plus populaire des batailles de la guerre de 70, restée fameuse pour l'intensité des tirs échangés (passée en locution : «Ça tombe comme à Gravelotte»). À son issue, l'armée du Rhin, plutôt que de reprendre les armes, se replie sur Metz, où les Prussiens auront tôt fait de l'enfermer.

20. Le 1er septembre 1870 l'armée de Mac-Mahon est anéantie et l'empereur fait prisonnier. La chute du régime suit le 4.

21. Escoffier se refuse à nommer Achille Bazaine, devenu la personnification de la traîtrise.

22. Peut-être faut-il, dans cette insistance, voir une volonté de l'auteur de

mettre en lumière le «bon esprit» des Allemands rhénans, dont la France victorieuse de 1918 essaiera, vainement, de s'attacher la sympathie.

23. Au-delà de la description d'une maltraitance alimentaire, on ne peut pas ne pas entendre derrière ces descriptions le discours français commun sur la mauvaise qualité de la cuisine germanique, thématique qui triomphera après la Guerre de 14-18 dans le grand roman gastronomique de Marcel Rouff, *La vie et la passion de Dodin-Bouffant, gourmet*.

24. La description des affres des prisonniers du camp de Mayence, qui se développe dans le chapitre suivant, situe ce texte dans la continuité des témoignages sur l'inhumanité de l'univers concentrationnaire.

25. La réputation des cuisiniers français est si bien établie qu'elle a conduit, on le voit, les directeurs du Kursaal à recourir aux services d'un chef français, entouré d'un rôtisseur et d'un saucier de même nationalité.

26. Cette étude est à l'origine de l'écriture de son premier ouvrage, un *Traité sur l'art de travailler les fleurs en cire*, qui ne paraîtra qu'en 1884. Curiosité surprenante, qui confirme le tropisme artistique d'Escoffier, profitant là, «en pleine campagne», d'une sorte de répit avant que ne retombent sur lui les obligations de sa carrière de cuisinier.

27. Comédienne, Blanche D'Antigny s'installa dans une réputation de demi-mondaine pas si éloignée, pour finir, de celle de Cora Pearl. Le dîner offert par le prince Galitzine — sans doute Alexis, figure assez connue de la vie mondaine du temps — ne pouvait se situer très loin de la mort de la «gentille artiste», qui survint en 1874.

28. Escoffier s'aventure beaucoup. Les conditions d'un rapprochement franco-anglais ne se trouvèrent réunies qu'au début du XXᵉ siècle, soit une trentaine d'années plus tard. Entre temps, les deux pays auront, une ou deux fois, frôlé la guerre.

29. La «Bibliothèque elzévirienne», de son vrai nom, a été créée par Pierre Jannet en 1853. Elle propose à une phalange de bibliophiles des éditions à la fois modernes et traditionnelles de textes des débuts de l'imprimerie, donc du XVIᵉ siècle.

30. Jusqu'à la découverte des stéroïdes, le croup, «vrai» ou «faux», est l'une des maladies mortelles les plus fréquentes dans l'enfance. Elle est, aussi, l'une des plus impressionnantes, car le jeune patient meurt d'asphyxie.

31. La maison Chevet, mentionnée avec éloge par les premiers gastronomes, appréciée par Rossini, vit ses dernières heures de gloire, concurrencée qu'elle est désormais par Potel-et-Chabot, qui finira par l'absorber.

32. Juliette Adam, qui mourra centenaire (1836-1936), femme de lettres, épouse d'un notable républicain, tient dans ces années le plus fameux des salons d'opinion «avancée». Toute la génération des fondateurs de la Troisième république y défilera, mais aussi Tourgueniev, Maupassant ou Mirbeau.

33. Juliette Adam s'était illustrée en 1879 par son implication dans l'assistance aux inondés de Szeged, en Hongrie. On la retrouve quatre ans plus tard sur le front alsacien. L'«humanitaire», version XIXᵉ.

34. Les historiens commencent seulement à s'intéresser au rôle économique et culturel des casinos — sans lesquels, par exemple, tout un pan de l'histoire des spectacles serait incompréhensible. Il en est de même de l'histoire des restaurants.

35. Gibier, langouste, crème, truffe et flambages : tout un style de cuisine riche, dans les deux sens du mot, dont on voit qu'Escoffier ne cherche pas à se distinguer, même s'il s'astreint à innover.

36. César Ritz (1850-1918), d'origine suisse valaisane, a suivi un itinéraire de *self made man*. Au temps de l'Exposition universelle de 1867, où Escoffier travaille dans les cuisines du Petit-Moulin-Rouge, Ritz n'est encore que serveur dans un restaurant de Paris. Sa capacité à passer d'un pays à l'autre et son entregent lui permettent de devenir maître d'hôtel dans des établissements de réputation internationale. En 1878 il franchit l'étape décisive en devenant directeur de l'un d'entre eux, sis dans son pays natal, l'Hôtel national, à Lucerne. Une direction alternée (saison d'hiver/saison d'été) avec le Grand Hôtel de Monte-Carlo lui donnera une position d'observation exceptionnelle, qui sera à l'origine des réformes qu'il entreprendra dans l'hôtellerie de luxe.

37. Il faut plutôt lire Kotschoubey, famille russe familière de la Riviera française. L'actuel Musée des beaux-arts de Nice est installé dans une villa, d'allure princière et de style Renaissance italienne, construite par un Kotschoubey.

38. La soprano colorature Adelina Patti (1843-1919) peut être considérée comme la cantatrice qui, dans sa génération, réunit sur son nom les jugements les plus favorables, jusqu'à l'adulation.

39. Préparation crémeuse à base de bouillon.

40. Il faut sans doute lire Zwicker, cépage alsacien susceptible de produire, en effet, un « petit vin », parfois » délicieux ».

41. Il y aurait beaucoup à dire sur la science des dénominations de plat déployée par Escoffier : une majorité de noms propres, flatteurs pour la personnalité honorée et pour le client donneur d'ordres, des références artistiques (« Carmen », « Mireille »,...), peu d'intitulés explicites (« mousse de merlan aux huîtres à l'orientale »).

42. Deux noms de montagnes surplombant Lucerne.

43. Fouad Ier régna, comme pacha puis comme roi, de 1917 à 1936.

44. Il s'agit donc de Sayaji Rao III, souverain moderniste de ce royaume du Gujarat ayant pour capitale Baroda (ou Vadodara) entre 1875 et 1939. Comme les autres familles princières indiennes la maison royale de Baroda perdit ses prérogatives avec l'indépendance de l'Inde.

45. Adolphe Thiers vécut, à partir de son mariage avec Élise Dosne une sorte de ménage à trois incluant la sœur de son épouse, Félicie. Celle-ci, dernière survivante du trio, consacrera la considérable fortune de l'homme d'État, mort sans enfant, à plusieurs dotations, au premier rang desquelles la Fondation Thiers, qui continue d'accueillir aujourd'hui plusieurs jeunes chercheurs.

46. L'innovation d'Escoffier n'est pas dans le principe du repas à prix fixe mais dans l'aménagement d'une formule mixte, réunissant les avantages du prix fixe et de la «carte» des grands restaurants, coûteuse en argent et en temps. Les exemples cités dans le chapitre consacré, un peu plus loin, aux menus en question prouveront, s'il en était besoin, qu'on a affaire ici à des prestations de luxe, destinées à une clientèle fortunée mais qui, au contraire de l'habitus noble, souhaite savoir «où va son argent».

47. Les lois puritaines régissant en Angleterre le repos dominical admettaient difficilement moins l'orchestre en soi que la suggestion du bal.

48. Le duc d'Orléans est le prétendant orléaniste à la couronne de France (accessoirement, amant affiché de la Melba). Sa sœur, la princesse Hélène, épouse le 28 juin 1895, à Kingston-upon-Thames, Emmanuel-Philibert de Savoie, duc d'Aoste, cousin du roi d'Italie.

49. Mention pas anodine : l'éclairage électrique est encore, en 1895, une nouveauté, et d'autant plus dans un tel dispositif — qu'elle rend, au reste, plus aisé que ne le ferait l'éclairage au gaz.

50. Le texte qui suit, comme plusieurs autres en cette fin de volume, est à l'évidence un article, repris ici plus ou moins tel quel.

51. Risotto, polenta, sardines grillées, blanquette à la provençale, chou farci à la mode de Grasse,... : les lecteurs de Zola qui auraient oublié ses origines successivement italiennes et provençales les retrouveront ici exposées sans fard.

52. Escoffier passe rapidement sur l'épisode, qui tient essentiellement à l'autonomie prise par Ritz, jusque-là simple manager, à l'égard du conseil des actionnaires, mécontents de voir leur directeur prendre l'initiative de la construction de «son» hôtel — à commencer par le nom —, place Vendôme. Le plus important tient ici dans la solidarité du chef des cuisines, comme si jouait en cette circonstance quelque chose d'un rapport de classes entre les actifs et les passifs, les nouveaux venus et les installés.

53. La Melba (1861-1931), soprano coloratura d'origine australienne, alter ego en célébrité de la Patti, brilla surtout dans les répertoires italien et français. Elle n'est guère connue comme chanteuse wagnérienne, interprétant là surtout des rôles des opéras du début, Elisabeth dans *Tannhaüser* et, comme ici, Elsa dans *Lohengrin*. On repère ici le mécanisme de la création culinaire et de sa diffusion : préparation exceptionnelle pour un hôte d'honneur (en 1893) et, six ans plus tard, inscription au menu le jour de l'ouverture d'un palace — ce qui ne contribue pas pour peu à la popularité de la recette.

54. Urbain Dubois (1818-1901) restait connu de ses contemporains pour son ouvrage sur *La cuisine classique*, écrit en collaboration avec Émile Bernard. Les deux chefs ont servi principalement à des tables princières (Napoléon III, Guillaume de Prusse,...). La bibliographie de Dubois comprend pourtant plusieurs ouvrages destinés à un public plus bourgeois (*Nouvelle cuisine bourgeoise*) ou à sa domesticité (*École des cuisinières*).

55. Les Sormani, père et fils, furent, pendant un demi-siècle, les ébé-

nistes de référence dans le domaine, fort à la mode dans les élites du XIXᵉ siècle finissant, des copies et imitations de meubles et objets de style Louis XV et Louis XVI.

56. Cuxhaven est un port annexe de Hambourg.

57. Les vins proposés combinent classiquement des crus allemands (l'Eschbacher — et non « Eitch bacher » — est un vin du Palatinat, l'Auslese — et non « Anslese » — un « vendanges tardives ») et bordelais (le Château-Rauzan-Ségla un margaux). Avec les champagnes et les liqueurs, l'alcool impérial reste nettement français.

58. Inauguré en 1906, le Knickerbocker, construit en *Beaux-arts style* sur Times Square, au carrefour de la 42ᵉ et de Bro..dway, affichait une esthétique « à la française », correspondant à l'état prédominant du goût *chic* de l'époque. Les cuisines sont au diapason. James Regan n'est que le manager de l'hôtel, propriété de la famille Astor.

59. Cette recette illustre le versant le plus ostentatoire de la cuisine d'Escoffier, dont la note dit tout. Cuisine pour maharadja (« dévoué à l'Angleterre »), en effet.

60. On savourera comme il convient cette tirade nous rappelant qu'en matière de cuisine comme partout ailleurs le « déclinisme » est de toutes les époques.

61. La formule a été popularisée par l'opuscule de Louis-Napoléon Bonaparte, futur Napoléon III (*L'extinction du paupérisme*, 1844). Les références d'Escoffier à la mutualité et à la charité évangélique délimitent idéologiquement son humanisme, imprégné de la morale chrétienne de ses origines. Le texte réutilisé ici fait allusion à des propositions émanant des chambres de commerce, appelées dès 1901 à donner leur avis sur le projet de loi instituant les « retraites ouvrières », qui sera précisément voté en 1910, année de la publication de l'ouvrage d'Escoffier.

62. Depuis le texte de 1814 du comte de Saint-Simon appelant à une *Réorganisation de la société européenne* et le congrès de 1849 au cours duquel Victor Hugo lança la formule des « États-Unis d'Europe », les appels à la confédération européenne n'ont pas manqué. Ils n'en sont pas moins peu entendus — et que la voix d'Escoffier les ait repris n'en est que plus remarquable.

63. Comme on le voit, les *Carnets d'Épicure*, malgré leur titre général, jouent surtout le rôle d'organe de propagande d'un art de vivre à la française, résumable ici dans la gastronomie, les arts de la table et ceux de l'élégance féminine.

64. Article extrait des *Carnets d'Épicure* de 1912. On y apprend l'existence de « dîners d'Épicure », destinés à faire connaître à travers le monde la cuisine française. Les dîners sont pris en charge par une Ligue des gourmands, créée en 1912 et composée de cuisiniers français ou d'école française. La section la plus nombreuse est celle de Londres, suivie de Paris, New York, Montréal et Marseille. À l'apogée du mouvement, un même menu sera servi

dans près de cent cinquante localités différentes, pour un total de dix mille convives : en est en juin 1914...

65. Pierre Pidoux est l'éditeur de l'un des principaux livres de cuisine du XVIᵉ siècle — familier à Escoffier, gendre de Paul Daffis —, *La fleur de toute cuisine*.

66. Comme on le voit, Escoffier aime prouver ses talents dans les situations de pénurie, le rationnement anglais de 14-18 n'étant qu'une image très atténuée des contraintes subies à Metz et Mayence.

67. Escoffier reçoit la légion d'honneur pour un motif tout patriotique, comme le confirme la date choisie. Au même titre que, par exemple, Jacques Copeau, envoyé en Amérique pendant la guerre pour y manifester le dynamisme du théâtre français, Escoffier avait joué son rôle de propagandiste du génie national.

68. On voit que pour Escoffier un menu allégé en fonction de « la mode et des mœurs actuelles » reste « substantiel ».

69. Cf. la note 60 : la concurrence viticole internationale ne date pas du XXIᵉ siècle. Les détournements d'appellation seront à l'origine de la législation nationale puis internationale en ce domaine.

70. Les amateurs savent que des montreuillois ont entrepris récemment de protéger les derniers « murs à pêche », aux fins de ressusciter symboliquement la production locale.

71. Escoffier sera devenu une *trademark*, participant, paradoxalement, à la diffusion de pratiques typiquement britanniques (« pickles »).

72. On voit que la remise solennelle par Valéry Giscard d'Estaing de la légion d'honneur à Paul Bocuse fut loin d'être l'événement sans précédent qu'on a voulu y voir à l'époque.

SIXIÈME PARTIE
La grande époque du Carlton
Londres
1899-1909

SEPTIÈME PARTIE
La consécration : œuvres et voyages
1909-1930

DANS LA MÊME COLLECTION

ABBÉ DE CHOISY, *Mémoires.*

CLÉRY, *Journal de ce qui s'est passé au Temple.*

SOPHIE-HENRIETTE COHENDET, Mémoires sur Napoléon et Marie-Louise, 1810-1814.

COLLECTIF, *Actes du tribunal révolutionnaire.*

CONSTANT, *Mémoires intimes de Napoléon, Ier*, I.

CONSTANT, *Mémoires intimes de Napoléon Ier*, II.

EUGÈNE CORSY, *Chroniques du Paris apache (1902-1905).*

COURTILZ DE SANDRAS, Mémoires de Monsieur d'Artagnan.

ELIZABETH CRAVEN, *Mémoires.*

FRANÇOIS CRON, *Mémoires.*

LORENZO DA PONTE, *Mémoires.*

PRINCESSE DASCHKOFF, *Mémoires.*

ANNA GRIGORIEVNA DOSTOÏEVSKAÏA, *Dostoïevski.*

GEORGETTE DUCREST, *Mémoires sur l'impératrice Joséphine.*

MADAME DU DEFFAND, *Lettres (1742-1780).*

ISAAC DUMONT DE BOSTAQUET, *Mémoires sur les temps qui ont précédé et suivi la révocation de l'Édit de Nantes.*

MADAME DE DURAS, *Édouard.*

MADAME D'ÉPINAY, *Les Contre-Confessions, histoire de Madame de Montbrillant ;* I.

MADAME D'ÉPINAY, *Les Contre-Confessions, histoire de Madame de Montbrillant ;* II.

MADAME D'ÉPINAY, *Les Contre-Confessions, histoire de Madame de Montbrillant ;* III.

EQUIANO, *Ma véridique histoire.*

AUGUSTE ESCOFFIER, *Souvenirs culinaires.*

FERDINAND FEDERICI, *Flagrants délits sur les Champs-Élysées.*

ESPRIT FLÉCHIER, *Mémoires sur les Grands Jours d'Auvergne.*

COMTE DE FORBIN, *Mémoires (1686-1733).*

LOUISE DE PRUSSE, Mémoires.

MADAME DE GENLIS, *Mémoires.*

MATHIEU MOLÉ, *Souvenir de jeunesse.*

ABBÉ MORELLET, *Mémoires.*

GOUVERNEUR MORRIS, *Journal (1789-1792).*

MADAME DE MOTTEVILLE, *Chronique de la Fronde.*

ABBÉ MUGNIER, *Journal.*

BARONNE D'OBERKIRCH, *Mémoires sur la Cour de Louis XVI et la société française avant 1789.*

MARIE D'ORLÉANS, DUCHESSE DE NEMOURS, *Mémoires.*

PRINCESSE PALATINE, *Lettres (1672-1722).*

MAURICE PALÉOLOGUE, *Le crépuscule des tsars.*

SAMUEL PEPYS, *Journal.*

LOUIS PERGAUD, *Lettres à Delphine.*

MONSIEUR DE PONTIS, *Mémoires.*

ERNEST RAYNAUD, *La vie intime des commissariats.*

MADAME ROLAND, *Mémoires.*

VICTOR SCHŒLCHER, *Journal de voyage en Égypte (1844).*

ARTHUR SCHOPENHAUER, *Journal de voyage.*

WALTER SCOTT, *De Waterloo à Paris – 1818, Lettres de Paul à sa famille.*

MADAME DE STAAL-DELAUNAY, *Mémoires sur la société française au temps de la Régence.*

COMTE ALEXANDRE DE TILLY, *Mémoires pour servir à l'histoire des mœurs de la fin du XVIIIᵉ siècle.*

MADAME LA DUCHESSE DE TOURZEL, *Mémoires.*

GÉNÉRAL TOUSSAINT-LOUVERTURE, *Mémoires.*

MARQUIS DE VALFONS, *Souvenirs.*

MARGUERITE DE VALOIS, *Mémoires et autres récits.*

VOLTAIRE, *Mémoires.*

Composition Nord Compo
Impression Novoprint
à Barcelone , le 2 février 2020
Dépôt légal : février 2020
1ᵉʳ dépôt légal dans la collection : décembre 2014.

ISBN 978-2-7152-3559-5./Imprimé en Espagne.